身體先，大腦後

高效運用科學，成爲時間管理大師

科学的に自分を思い通りに動かす　セルフコントロール大全

堀田秀吾、木島豪◎著　楊鈺儀◎譯

「懶散地工作，沒有完成今天的目標。」

「散漫地看著影片或電視，無所事事地度過休假日。」

「明明肚子不餓，卻一直在吃東西。」

應該有很多人都曾有類似的經驗吧。

是不是在結束一天後，後悔著：「我今天又沒做到……」然後在心裡發誓：「明天一定要去做！」並且睡不著覺呢？

從今天起停止不禁會怪罪自己很懶散，並責備自己「真是個沒用的人」吧。

之所以無法做好自我管理，並不是因為意志特別薄弱，也不是忍耐力不夠。

只是因為你不知道「順利讓自己動起來的小訣竅＝自我控制術」而已。

令人驚訝的是，人類並不會靠自己的意志來行動。

而是會因應著環境與狀況，用最小力量活下去。

只有非常少數的人會朝向目標，帶著「幹勁」或「意志」等做出行動。

本書不會請大家去依賴那莫名其妙的「幹勁」，而是提供方法，靠自己讓自己隨心所欲動起來。

本書中所介紹的自我控制術，是所有人都能簡單做到的，所有方法都是經過醫學、腦科學、心理學等研究，有學術上、科學性的實證。

書中提出的建議是從全世界114個研究結果所推導出的自我控制法，所以其中一定能找到適合你的方法。

從現在起，揮別「總是把事情施到明天再做」的拖延症，毫不費力地完成每天「想做的事」，以最棒的心情度過每一天吧！

利用「身體先，大腦後」，成功做到自我控制！

依照現在科學，提出行動指令的順序定論是「身體先，大腦後」。

論及大腦與身體，應該有不少人都認為是大腦先發出指令的吧。

可是，隨著科學的進步，我們發現了人類行動的順序是身體先動，大腦才會去思考。

簡單來說，在猜拳時，比起「想要出布」「身體會更先一步做出出布的行動」。乍看之下這令人難以相信，但卻是事實，是根據許多實際驗證而證明的。

身為指揮台的大腦被關在頭蓋骨裡，本身根本無法有任何感受，因此要接受從身體送來的動作或感覺等各種資訊後做出判斷。

這對自我控制來說，「具體的動作＝行動」就有著非常重要的意義。

因此，我提出了「該如何行動才能更順利地自我控制呢？」這個主題，並將從全世界科學家們研究中所獲得的知識見解統整為這本書。

研究者與醫師的建議！健康地自我管理「心理」與「身體」的方法

本書的一大特點是由明治大學的心理語言學者堀田秀吾、醫療法人社團EPIC DAY東京醫學診所平和台站前院院長木島豪醫師共同著作。

本書所要談的是「心理」與「身體」的平穩與活力。因此由心理語言學者的崛田以及醫師木島攜手合作。

作者之一的崛田也是在法律界中研究「法律語言學」以分析溝通的語言學者，有時會接受警察或律師的委託，負責分析使用在搜查或裁判上的證據。

分析的結果很重要，因為可能會左右到他人的人生，所以要盡可能進行正確的分析，除了需要語言學及法學知識，同時也須要廣泛地了解「人類」。因此他也積極地學習心理學、腦科學以及社會學等相關領域的方法。

若以這樣的知識為基礎來試著觀察我們的日常，就能更深切認知到自我控制的重要性。

引發事件的人中，有不少人是「不禁就去做了」一開始就知道「不應該去做」的事。此外像藥物上癮症、竊盜癖等與犯罪相關的各種上癮症，和須要大腦作用的戒酒及戒煙等沒有太大的不同，可以說全都是自我控制。

此外，另一位作者木島則是從醫師的立場，在本書中介紹與身心相關的醫學知識，以及他每天實際深刻接觸患者的身體、唯有在現場才會獲得的知識。

他除了一直都是心血管內科的專門醫師，在十多年前也曾擔任皮膚科、美容內科的醫師，致力於抗老。除了治療疾病，提升康復患者的生活品質也是他著眼的目標。

我們將這本書分成了四種情況來介紹自我控制術，分別是第1章〈工作上的懶散〉、第2章〈生活上的懶散〉、第3章〈身體上的懶散〉，以及第4章〈心靈上的懶散〉。

　　再重複一次，人是「身體先，大腦後」。
　　想要能更加善用自我控制，做出某些行動來是很重要的！

　　就這意義來說，你對自我控制感興趣、在閱讀這篇序言的時間點上，就已經有可能提高自我管理了。

　　請務必閱讀到最後！

堀田秀吾・木島豪

本 書 特 點

特點 **1** > ## 透 過【 研 究 】來 深 入 理 解

　　第1章主題是工作、第2章為生活全體、第3章是身體上的健康、第4章則是關於心理的健康，我們會一一挑選出不知不覺就讓人感到倦怠的情況來進行解說。每一項應該都會讓人有說中了的感覺。而且我們會介紹到問卷及調查結果，【研究】每一個項目，更深入說明「該怎麼做才能做好自我管理」。

特點 **2** > ## 以 全 世 界 研 究 結 果 為 基 礎 的 9 5 種 自 我 控 制 術

　　本書中介紹到的自我控制術是基於腦科學、心理學、醫學的實際驗證研究。引用了114種的研究，效果全都經過大學及研究機關實際驗證過。全部共介紹有95種自我控制術，相信能從中找到適合自己的方法。

特點 **3** > ## 建 議 簡 單 就 能 做 到 的 具 體 行 動

　　依據「身體的行動先，大腦的指令在後」這個理論，介紹能做到自我控制的具體、簡單行動。首先透過進行任何人都能做到的低難度簡單行動拿出幹勁、做到忍耐，如此一來就能提高自我管理的能力。書中內容寫得很具體，所以全都是能在日常生活中採行的方式。

CONTENTS & CHECK SHEET

本書的目次也能作為診斷
「拖拖拉拉＆懶懶散散」程度的檢測表。
請試著檢測自己有符合的項目。
只要能優先對檢測出的項目進行自我控制，
每天就一定都能活得很積極正面。

第1章 工作上的懶懶散散

Check!

總計 ☐ / 14 項目

第**2**章 生活上的懶懶散散

總計 ☐ / 12 項目

第**3**章 身體上的懶懶散散

Check!

總計 [　　　] ／ 10 項目

第 **4** 章 心理上的懶懶散散

下載特典（網站為日文）

「拖拖拉拉＆懶懶散散」程度檢測。
只要掃描下方QR code進行下載，
就能多次檢測，請務必試著利用。

https://d21.co.jp/special/selfcontrol

帳號：discover2819
密碼：selfcontrol

第 1 章

工作上的
懶懶散散

1

明明必須要工作，
就是難以坐在桌子前

社會人士會積極埋首於工作，或是學生會積極努力學習嗎？

以前，不論是在辦公室還是學校，四周都有人盯著，因為有強制力而工作、唸書，所以能做到該做的事，但自新冠肺炎爆發就改成了遠端工作、網路授課，或許有很多人在學習與工作上就沒有了進展。

此外，應該有許多人都經歷過，一到了考試前，就會莫名地開始打掃房間、逃避現實。不論是工作還是讀書，都透過自我控制來有效率地進行吧！

研究 **1** ＞ **總之就坐在桌子前吧！**

人類是「身體先動起來之後大腦才做出反應」，這是近年來科學界的常識。

身為筆者的我們以前也以為是「大腦會先下指令後身體才行動」，但從透過與動作配套來測定腦波的實驗中，得出的結果卻是「大腦→身體」的順序。

行動指令是從大腦還是身體發出的研究

在加州大學班傑明‧利貝特（Benjamin Libet）等人的研究中，得出了一項結果是，比起想著「去做○○」的大腦意識信號，為了做出那樣的動作，大腦發出的信號平均會快了0.35秒。

因此，要拿出幹勁，總之就是要去「做」。<u>不論如何去找尋莫名其妙的「幹勁」，想讓情緒高漲起來，都是沒有意義的努力。</u>

自我控制 **1**

打造會強制去做的環境

環境掌管著人類的所思所想。若打造出了會讓人不得不去做某件事的環境，人們就只能去做了。

若是不禁玩起了遊戲或社群軟體，導致沒有幹勁工作，可以把遊戲機或手機交給家人，讓自己接觸不到這些東西。若無論如何就是討厭坐在桌子前，就要打造非得去工作不可的環境。具體而言，像是可以去定期租借付費的自習室，或是只帶著工作用具與錢包去喜歡的咖啡廳等，讓自己陷入不工作就浪費了的狀況裡。

此外，也建議把房間打造成會讓人想工作的空間。請試著參考以下與香氣、幹勁有關的研究吧。

關於香氣與幹勁的研究

在早稻田大學齋藤等人的研究中，檢測了待在自己喜歡香氣的空間中時的大腦活動，結果顯示，與動機、熱情相關的部位活化了。也就是說，只要被喜歡的香味所環繞，就會拿出幹勁。

例如燃燒自己喜歡的香味的精油、放置室內芳香劑，請試著將自己的房間改變成讓人感到舒適的場所。這將有望提高工作上的幹勁。

在房間貼上寫著「認真工作喔！」的紙條

　　一定有人會想：「就算這樣說，我還是無心坐在桌子前……」我非常理解這種心情。

　　不論是大腦先發出指令還是身體先動，為了那些仍舊想拿出幹勁才終於會去「做」的人，蘭烏特勒支大學（Universiteit Utrecht）阿茲（Aerts）等人的研究可以做為參考。

？ 拿出幹勁的研究

　　阿茲等人將42名大學生分為3組，讓他們進行一項作業：若在電腦螢幕上出現了「握住」字樣，就握住把手3.5秒。不過，在進行抓握的作業前，他讓各組看了如下的話語。

① 讓受試者看「好」或「舒適」等的積極正面詞語，以及與之毫無關係的「而且」或「周邊的」等既不積極也不消極的中立式詞語。

$$\boxed{積極正面的詞語} \quad + \quad \boxed{中立式詞語}$$

② 讓受試者看既不積極也不消極的中立式詞語，以及與像是「努力」或「活潑」等與努力相關的詞語，不直接與積極正面相連結而是以閾下知覺*的方式展現出來。

$$\boxed{中立式詞語} \quad + \quad \boxed{努力相關詞語}$$

③ 讓他們看不積極也不消極的中立式詞語，以及與努力相關的詞語，且是直接與積極正面相連結地，以閾下知覺的方式展現出來。

---

*註：閾下知覺，指刺激強度極為微弱，使人們幾乎無從感覺其存在情況下所獲得的減弱知覺。

中立式詞語 ＋ 努力相關詞語 ＋ 積極正面的詞語

　　結果依③→②→①的順序，不論是反應時間還是握力達最大力量的時間都比較快。

　　從這裡可以看出，<u>透過看到與努力相關的詞語，熱情會提升，而且配合著正面積極的詞語會更有效</u>。

　　將「來做吧！」「達成目標！」「要加油！」等紙張貼在工作的房間中，就科學性來看，可以說實際上是非常有效的。

　　因此，無法坐在桌前的人，請務必試著在紙上寫下「要努力工作！」然後貼在房間中顯眼的位置，以提振自己的情緒。同時也添寫上像是「成為工作上的一把好手，出人頭地！」等正面積極的話語吧。雖然讓旁人看見了會有點羞恥，但卻有貼起來一試的價值。

② 明明是在工作中，卻每隔十分鐘就瀏覽一次網頁

在氣氛自由的公司中工作的人，或是遠距辦公的人，不禁會在工作中滑起手機，或利用電腦處理私人的事，又或是看起新聞。

若在工作時瀏覽網頁，就會把工作拖到接近截止期限才做，或是表現成果不佳，最後苦了自己。為了未來著想，來用自我控制進行改善吧。

研究 1 > 遠距工作的壓力，使上網閒逛的時間增加了

首先試著從關於近年來瞬間普及的遠距工作來說吧。雖然有新聞指出，「遠距辦公使工作效率提升了」，但這些新聞大多都是使用了在超一流IT企業公司所進行的內部調查資料。

因著遠距辦公而提升效率的企業是有其相應原因的。因為企業為了遠距辦公準備了完善的環境，而且員工們也全都是自我控制能力高且能利用遠距辦公環境進行工作的。

可是，在沒有整備好遠距辦公環境的企業中，即便是進行基本的遠距辦公，有時為了用印就不得不去公司。

根據2020年9月日本人力資源公司Recruit Career所進行的「在新型冠狀病毒之禍下工作的個人意識調查」結果顯示，有遠距工作經驗者中，約有六成的人感受到了在辦公室時所未有的壓力，主要原因為下：

▼ 遠距工作的壓力

①沒有ON（上班）跟OFF（下班）之間的切換。

②因為有家人在，進度無法如預期。

③溝通不暢。

　　且也有報告指出，有不少人因遠距工作而出現憂鬱傾向。

　　還有很多人因為不習慣遠距工作而產生了至今未經驗過的壓力，所以上網或玩社群軟體來休息一下的次數增多了。

研究 **2** › 中間要穿插著休息與進行別的作業

　　若上網時有自覺「是絕對不該做的事」，就需要有監視性的強制力以讓自己不會偷懶，例如經常與同事使用通話軟體聯絡等。此外，也可以把手機放入一個定時鎖盒。

　　話雖這麼說，專注力也不是能長久持續下去的。只要開始做些什麼，大腦就會很單純地打開幹勁開關，但它也經常需要新的刺激，所以若一直在做同一件事，專注力無論如何都會下降。

？ 關於專注力的研究

　　在紐西蘭坎特伯雷大學（University of Canterbury）的赫爾頓（Deak Helton）與羅素（Russell Wordsworth）所進行的研究中，於進行持續辨識出顯現螢幕上橢圓位置的檢測時，將受測者分成了以下3組。

① 　約休息2分鐘

② 　摻雜進數字或文字等其他的題目

③ 　持續進行作業

　　結果，①有休息的那組成績最好，③持續進行作業的那組最差。

此外，在本書的第52頁有做過詳細的說明了，目前已知，像是上網那樣使用大腦的作業是無法休息的。因此若因有想上網的欲求而中斷了注意力，就試著喝杯咖啡，總之休息個兩分鐘左右吧。又或者是著手去做別的作業以轉換心情也是個明智的方法。

自我控制 **1** 採用正念

目前有發表過了關於陷入壓力狀態時該如何抑制想上網欲求的研究結果。

? 抑制上網欲求的研究

中國華中師範大學的寸教授等人表示，只要採用正念，就能有效抑制對上網的欲求。

若將正念做極為單純化的解釋就是，將意識專注在「當下」。建議方法是，閉上雙眼，只專注在呼吸上。不要做出「好」「壞」等事物的價值判斷，將意識專注在當下，而非過去或未來。

正念有消除失眠、壓力，以及提升專注力、記憶力等各種各樣的效果，除了用來避免一直上網，也在生活中採用吧。

定期休息會帶給大腦新刺激。即便如此，一回過神來就在上網……或許也有人是這樣的吧。老實說，這狀況並不好。

遇到這種情形，就來進行提升「工作上專注力」的自我控制吧。

在此要介紹日本廣島大學入戶野教授等人的研究。

？ 能提升專注力的研究

以132名大學生為受試者，讓他們進行需要靈巧雙手的主題A，以及從數列中找出指定數字的主題B。同時，將進行這項作業的大學生分為3組，讓他們進行依喜歡順序排列以下照片的作業。

①組　排序幼小動物（狗或貓）的照片

②組　排序長大成熟的動物（狗或貓）照片

③組　排序美食的照片

之後比較各組看過照片前後的作業效率以及回答正確率，結果發現，看過①組的照片在主題A上的成績提升了44%、主題B的成績也提升了16%，而②和③組則沒有出現明顯的結果。

每人喜好各有不同，但一般來說，比起成犬、成貓，很多人都覺得幼犬、幼貓比較「可愛」。入戶野教授等人也認為，作業效率之所以會提升，正是因為看過了可愛照片的效果。

也就是說，**只要看可愛的照片，在工作上的專注力就會提升**。這個方法能簡單地在短時間內就能做到，所以非常推薦。

若想上網，就去網上或社群軟體找可愛照片來看，這樣就能提升工作上的專注力了。

入戶野教授等人也進行了調查「可愛」這種情感機能的實驗。結果發現，當覺得「可愛」時，就更能玩味那分可愛，提高關注事物細部的機能。

　　主題A與主題B的成績提升的原因，就是因為提高了對細部的注意力。

③ 完成不了企劃書

在面對企劃書等需要創意發想的文件時，腦中卻一片空白，只能拖拖拉拉地讓時間過去……應該有很多人都有過這樣的經驗吧。

即便很麻煩，若是做法或答案看起來很單純的作業，就能很機械化地進行。可是若是需求發想力或企劃力的作業，視情況而定，可以想見的是，有時即便過了一整天也沒有任何進展。

因此，這回我們要來說明能更容易浮現出創意的自我控制術。

研究 1 ＞ 日常業務與發揮創造性的業務各自需要不同的能力

在決定好企劃書內容時，將之統整到文件或投影片上的作業，就是從自己至今的經驗中導向實際去進行的日常業務。

可是在這前一階段思考「該做什麼樣的企劃呢」的創意作業，則會因為不同經驗而成為難以處理的業務。實際上，在腦科學中認為，想企劃與將企劃落實進文件中的工作，大腦運作的方式是不一樣的。

有項研究是：「若桌子很散亂，就難以專注精神在工作及學習上。」可是另一方面，美國明尼蘇達大學的沃茲等人也有做一項研究是：「創造性就是要在散亂的環境中才會發揮出來」。

這也一樣，若把前者想成是針對日常業務來做的研究，後者則是關於發揮創造性的研究，這樣就能理解其中差異了。

關於發揮創造性的研究

在沃茲的研究中，將48位受試者分配到了以下兩個房間中。

① 桌上文件收拾整齊的「整齊房間」

② 文件散亂在桌上及地上的「散亂房間」

接著給予他們探究創意性的主題：為製造乒乓球的公司想出乒乓球的新用法。結果，報告指出，待在散亂房間的受試者反而提出了創意性較高的結果。證明了那些人身處的環境會改變喜好、選擇以及行動。

根據沃茲等人的研究，待在整齊環境中的人，會遵循傳統及習慣，能專注在學習及日常工作上。而另一方面，身處散亂環境中的人則會擺脫傳統及習慣。

研究 2 > 預設模式網路會生出創意

如前所述的「擺脫」狀態，就是大腦沒有去意識到多餘事情的狀態。若大腦狀態變成了華盛頓大學賴希勒（Raichle）教授所提出的「預設模式網路」（Default Mode Network），據說就會使用到專注時15～20倍的能量。

預設模式網路就是「專注」的相反——放空狀態。亦即處於解放的狀態。一旦變成這個狀態，不同於專注時所使用到的大腦領域就會活動起來，能獲得不一樣的發想。

的確，想要獲得發想而孤軍奮鬥時就會陷入糾結，無法獲得任何創意。但是，洗澡或散步時，又或者是剛起床時的那個瞬間，突然就會湧現出創意，這樣的經驗任誰都有吧。

自我控制 1　在咖啡廳進行晨活

依據前述的研究成果，思考企劃的作業以及接近日常業務的作業，使用的大腦模式是不一樣的，所以可以區分這兩者來進行作業。

想企劃時，理想情況是接近早上「剛起來」的狀態。因為剛起床的大腦很接近什麼都沒在想的放空狀態。雖有很多關於大腦放鬆狀態的研究，但只要刻意地去想著「來放空吧」，大腦就會感受到「一定要放空！」的壓力，反而會緊張起來。這麼一來，愈想就離預設模式網路愈遠。所以要用接近剛起床的狀態來思考。在追求企劃力的經營者們中，有很多人都很早起，也是因為他們認同這點。

此外，美國伊利諾大學（University of Illinois）米塔等人總結了關於提高創意性場所的研究。

關於噪音與創意性的研究

比起無聲～50分貝程度的安靜環境，人處在有70分貝左右噪音的環境中，創意性會比較高。熱鬧的街道、公車車內、咖啡廳等，都是差不多70分貝的噪音場所。

同時，美國的阿肯色大學（University of Arkansas）扎步力娜（Zabelina）與北卡羅來納大學（University of North Carolina）格林斯伯勒（Greensboro）校的西爾維亞（Sylvia）有項研究是關於咖啡因與創意性能力的。

關於咖啡因與創意性的研究

雖然攝取咖啡因能提高專注力，另一方面，對不同於專注時所使用到的大腦方式，亦即需要創意性的卻不適用。

有研究結果發布，一杯咖啡所含的咖啡因量有200mg，它雖能提高解決問題的能力，卻對創意性沒有影響。

也就是說，想思考嶄新企劃時，喝一杯咖啡就好。

從前述的研究結果去思考，我建議在早上上班前，抽出時間去咖啡廳慢慢喝杯咖啡，而不是滑手機。

自我控制 2 去蒸氣浴

以前人們常說：「左腦主理論，右腦主創造。」認為對創意發想來說，右腦很是重要，但近年有很多研究都對這樣的區分法抱持疑問。有篇研究指出，大腦處於創造性狀態時，會左右都一併用上。

關於大腦的研究還有許多未知的部分，但現在可以確切地說，被逼入「非得想企劃不可！」的狀態時，大腦只會專注在一部分上，是遠離創意性的。

因此，須要強制大腦重啟時，去進行蒸氣浴會是一個好方法。

進行蒸氣浴時，我們經常會形容是「深刻地恢復了精力」，這也是一種終極的放空狀態，可以強制性地輕易變成預設模式網路狀態。

包含啟動預設模式網路在內，據說出現被稱為 α 波的腦波時，就是適用於發想創意的大腦狀態。

根據千葉大學李教授等人的研究報告指出，早上若去洗蒸氣浴，到了下午，頭頂部的 α 波密度會比淋浴來得高。

　　當然，也不是說若不仰賴「剛起床的時間」或「蒸氣浴」，就無法進入預設模式網路狀態。提高創意性時會出現的 α 波，也是在放鬆狀態時會出現的腦波。

　　例如悠閒喝茶、散步、眺望天空時等，試著決定好切換開關的方式，好「從日常業務中解脫以獲得放鬆」吧。

　　然後請在處於放鬆的狀態下，練習發動預設模式網路狀態。只要平時就掌握好能打開讓自己鬆口氣的開關方式，就會提高創意性。

4 無法挑戰新事物

　　雖想著「想試著挑戰新事物」，但每天要處理的例行公事有一大堆，所以應該有很多人連第一步都踏不出去吧。

　　挑戰了新事物，結果卻有可能遭受嚴重的失敗，這是不爭的事實。可是若不挑戰就一定無法達至新的階段。這時候，到底該怎麼辦才好呢？

研究 1 › 將成功與失敗可視化

　　討厭、畏懼失敗⋯⋯。無法開始進行些什麼的時候，不禁就會圍繞著這樣的藉口與不安打轉。

　　人類的意識容易聚焦在不安上。若是能解消不安的想法，即便是大火正熊熊燃燒著，或許仍能毫不介意地把手伸進去。也就是說，我們要能安心、安全的生活，不安的情緒是必不可缺的。

　　不過要注意的是，不要因為過於在意不安而漏看了問題的本質。

　　開始新事業的工作，或是想要換工昨時，重的是要盡可能想到在新事業上或換工作時會發生的情況。

　　要預想成功的機率，將成功後可獲得的事物以及失敗時會失去的東西可視化。還有試著思考因此而必經的過程。

畏縮於挑戰前，至少也要確實考慮過一下這個決定意思的過程後再說。會覺得不安其實是很無謂的。反過來說，失敗機率高且失敗時的損害也是一大挑戰，若有人對此不會感到不安也是個大問題呢。

　　面對不安時，要注意的是將「自己所感受到不安的原因」確實可視化，並驗證是否能確實做出分析，這是更重要的。

自我控制 1　自覺到擔心的事幾乎不會發生

　　美國賓州大學（University of Pennsylvania）的博柯維奇（Thomas D. Borkovec）博士等人表示，實際上，你所擔心的事有79％都不會發生。而且即便發生了令你擔心的事，也有16％能在事前準備好做出應對的可能。總之，擔心的事變成現實只有5％。這樣你就知道大腦有多受限於不安了。

| 關於擔心的事

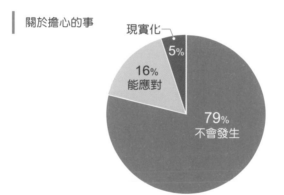

現實化
5%

16%
能應對

79%
不會發生

　　這裡並不是想說，「因為擔心的事只有5％的機率會發生，所以可以放心」，但這麼想著而放鬆的人應該很多。

　　只要認識到人類本就是會容易不安的生物這個事實，就能去挑戰新事物了。

準 備 小 獎 勵

如我們在研究中所看到的，要挑戰，須要花上許多功夫與時間，像是計畫、學習、計算利弊等。**要能實際進行挑戰，就需要能提高熱情並維持下去的能力。**

因此接下來要介紹關於熱情、動機的研究。

以學習為例，在此前的許多研究中都有說到，若針對學習給予獎勵會減損熱情。可是奧地利維也納經濟大學的加勞斯（Christian Garaus）則發表了與至今為止不同的研究結果。

對 學 習 熱 情 與 獎 勵 的 研 究

有項研究結果顯示，透過每學習一小段的重點就給予小讚美，能提升在線上學習的自律熱情。

若是大獎勵，就會讓人想著：「要為了報酬而做。」而不會提升熱情。可是，若是小獎勵，就會思考：「我為什麼要為了這些而做？」

其機制是為了能消除像這樣因心情與現實間有鴻溝而感覺到「認知上不協調」的不快，就要想成是：「我不是為了報酬而做，是為了自己而做的。」最後，熱情就會提升。

只要應用這個原理來消除認知上的不協調，就能夠獲得提升熱情的效果。

例如若要挑戰新事業，就要逐一將必須去做的行動條列化，每達成一項就要計分。

實際上，那樣的計分根本一點用都沒有。但這麼做會讓你明白，你是為了自己的人生而勤奮行動，是為了將這件事可視化才利用分數那樣的指標而已，在自己心中可以找出行動的理由。只要能找到「為了○○」的理由，就能維持熱情，中途也比較不會遭受挫折。

新事業計畫書			
達至成功的路程			
	要做的事	是否有達成	分數
①	存錢○○元	○	5
②	獲取證照	○	5
③	與○○先生會面商量		
·	·		
·	·		

5 即便到了開始工作的時間，還是提不起幹勁來

　　即便到了早上9點開始工作的時間，卻怎麼也無法聚精會神……。近來，是不是有很多人都有此煩惱呢？遠距工作時，即使到了開始工作的時間，或許有大多數人仍無法啟動引擎。要拿出「工作的幹勁」，須要注意某些重點。

研究 **1** › **遠距工作者都煩惱於開關的切換**

　　LASSIC股份有限公司（https://www.lassic.co.jp）針對日本全國20歲～65歲有遠距工作經驗的1077人，進行了關於遠距工作缺點的問卷調查。結果有45.16%的男性與38.92%的女性回答：「無法區分工作與私生活。」這是占男女雙方都最多的比例。

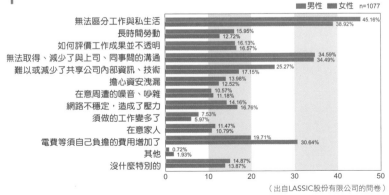

關於遠距工作的缺點（可回答多個）

■男性 ■女性　n=1077

無法區分工作與私生活	38.92% / 45.16%
長時間勞動	15.95% / 12.72%
如何評價工作成果並不透明	16.13% / 16.57%
無法取得、減少了與上司、同事間的溝通	34.59% / 34.49%
難以或減少了共享公司內部資訊、技術	25.27% / 17.15%
擔心資安洩漏	13.98% / 12.52%
在意周遭的噪音、吵雜	10.57% / 11.18%
網路不穩定，造成了壓力	14.16% / 16.76%
須做的工作變多了	7.53% / 5.97%
在意家人	11.47% / 10.79%
電費等須自己負擔的費用增加了	19.71% / 30.64%
其他	0.72% / 1.93%
沒什麼特別的	14.87% / 13.87%

（出自LASSIC股份有限公司的問卷）

也就是說，有很多人都是在開始工作前，悠悠哉哉地看電視或滑SNS等，覺得很難切換成「接下來來工作吧！」

研究 **2** > # 若 都 待 在 同 一 個 地 方 就 無 法 切 換

或許有很多人會因為自家空間很狹窄的原因而在客廳工作。這時候就須要注意ON跟OFF的切換。

大腦為了能高效工作，若持續接受到相同的刺激，就會不把刺激當刺激而擅自進入關機模式。

只要在家工作，周遭的環境就一直都是一樣的，也會持續給予大腦相同的刺激。最後，大腦就會進入關機模式，停止機能，難以切換成是工作模式。

自我控制 **1** 　改 變 工 作 的 地 點

依據研究2，單純又最簡單的自我控制法就是改變場所。因此以下要來介紹美國邁阿密大學（University of Miami）赫勒（Aaron Heller）等人的研究。

> ### ? 環 境 改 變 時 的 大 腦 研 究
>
> 以GPS記錄132名受測者移動的模樣3～4個月，並調查他們在這期間的情緒變化。結果發現，地點變換愈多的人，愈會提高正面、積極的情感。
>
> 之後，使用MRI調查地點改變與正面積極情感的關連時得知，新環境與大腦犒賞關係相關部位的活性化有密切的關連。大腦的犒賞系統是在人類大腦中被稱為「犒賞系統」的一組神經結構。只要刺激這個部位讓它活性化，就會湧現出幹勁、感受到幸福。
>
> 也就是說，只要待在新環境，就會有幹勁。

從這個研究結果可以得知，去咖啡廳工作是很合理的自我控制行動。因為透過外出，就容易接受到與在自家各種不同的刺激。

即便是在家，也可以準備好只用來工作的房間或書桌，或是在庭院、露天平台・陽台等地進行，希望大家可以準備好讓大腦覺得是「新環境」的「工作場所」。

自我控制 2　刺激交感神經

人在活動時是被稱做加速器的交感神經占優位，睡覺時則是可以被形容為是煞車的副交感神經占優位。

從睡眠中副交感神經占優位的放鬆狀態到起床時交感神經活潑運作、大腦活性化約須要花3～4小時，所以或許在早上很早的時間時無法提起勁去工作也是無可奈何。但是在辦公室工作時，因為在意上司與同事的目光而想著「一定要專心工作」，所以就會想到要進行自我控制。

在無人關注的自家中，若想要提振情緒，可以透過持續進行負擔稍微有些強烈的散步或慢跑等運動20分鐘來刺激交感神經，讓身體接近ON的模式。

此外，除了運動，還有其他方法可以刺激交感神經。來看一下東京瓦斯都市生活研究所與千葉大學李教授等人的共同研究吧。

> ### 讓身體處於 ON 模式的研究
>
> 這個研究結果顯示，若是用40℃以下的熱水來淋浴或泡澡，會有讓副交感神經處於優位、放輕鬆的效果；若使用41℃以上的熱水，則會刺激交感神經，有清醒的效果。

天氣不好無法運動時，或是不擅長運動的人，就以41℃以上的熱水淋浴，做好開始工作的準備。

6 覺得處理工作的速度
似乎慢了下來

　　完成工作的時間好像比以前更久了，是因為沒有辦法持續專注力嗎？應該有不少人都有這樣的煩惱吧。

　　或許也有因為遠距工作，沒了上司與同事監視的目光，或是因為減少了閒聊，難以浮現出好點子等的影響。

　　這一節，我們要介紹以下的自我控制法給因完成工作的速度慢下來而煩惱的人。

研究 1 › 帕金森定理

　　首先要來介紹的，是英國歷史學者西里爾・諾斯古德・帕金森（Cyril Northcote Parkinson）以觀察英國官僚的運作方式為基礎而將之理論化後所提出的「帕金森定理」。

▼ 帕金森定理

第一定理：在被給予的完成時間內，工作量會一直增加到能填滿這些時間。

第二定理：支出的額度會一直膨脹達到收入的額度。

　　例如在公共事業中，為了用完預算而進行不必要的道路工程，就是為了配合預算而勉強增加工作量。人即便是在不得不增加工作量的狀況下，也會如帕金森定理所說的那樣，把時間全部填滿為止。

總之，為了填滿時間，我們本能地就會在每一個空檔偷懶，在時間剛好結束的時候完成被賦予的工作。根據第二定理所說，人這種生物若在事前獲得某種指示，就會做出配合。

研究 **2** › **97％的人確實感受到遠距工作時無法專心**

誠如此前多次提到過的，遠距工作很難像在辦公室裡工作那樣專心。右圖是由NEXTLEVEL股分有限公司經營的婚活媒體網站（緣結び大学），針對300人進行的問卷調查，在遠距工作中，有「熱情降低・專注力耗盡」這種經驗的人居然有97.7％！幾乎所有遠距工作的人至少都有一次這種經驗。

是否曾因遠距工作而降低熱情・專注力耗盡？

2.3% 沒有

97.7% 有

（緣結び大学調查）

也就是說，若是在有著「只能工作」這種強制力的辦公室裡能較早完成的工作，一旦成了遠距工作，因熱情或專注力降低，花更多時間的可能性就會變高。

設定「自己的截止期限」

雖沒有特別想要偷懶，但仍感覺到步調慢下來的人，或許就是陷入了研究1中所介紹到的帕金森定理。

這時候，該做的事很簡單。

因為有下班時間這個「完成工作的時間」，就去配合那個時間工作吧。既然如此，<u>就自己決定好更早一點的「我的下班時間」</u>。若是本來就能盡早完成的工作，配合自己所決定的下班時間，就會發動帕金森定理。關於帕金森定理，美國研究所的布萊恩（Brian）與洛克（Locke）也進行了實證的實驗。

 實際證實帕金森定理的實驗

受試者進行某項作業時，比較以下①～④。

① 給他們兩倍的時間時

② 給他們最低限度的時間時

③ 讓他們以自己步調進行時

④ 指示他們盡可能快點進行時

結果，若是給了他們較長時間，他們就會慢慢地進行。

只要能確實完成該做的工作，在給予較寬裕時間的職場，早些完成後的時間就能用來充實自己的私生活。即便不是那樣的職場，在多出的時間內能進行其他的工作，就能有所成長或出人頭地。

調 快 自 己 的 時 鐘

　　以下再介紹一個東京大學伴教授等人所進行的實驗——關於能盡早結束工作的自我控制。

 能 提 升 工 作 效 率 的 實 驗

　　有研究報告指出，只要調快時鐘的指針速度，就能提升工作數量與品質。實驗是讓受試者在以下3種模式中，進行輸入文章的作業30分鐘。

① 　將時鐘的指針速度調成**2/3**倍。

② 　不改變時鐘的指針速度。

③ 　將時針的指針速度調成**3/2**（ **1.5** ）倍。

　　結果，輸入文字數量的多寡順序是③＞②＞①，各自有約8%（約400字）工作量的變化。此外，若指針速度較快，錯誤率也較低。

　　或許不是所有人都有能改變指針速度的機械錶。因此，只要將自己手錶或智慧型手機的時間調快幾分鐘，同樣也能感覺到時間流逝得較快，能獲得相近的效果。不過要注意，不要搞錯了開會時間或與人約好見面的時間。

7

無法維持工作上的熱情

不論是多麼喜歡而去做的工作，只要持續多年，總會碰到一段時期會覺得就算努力完成工作也看不見意義。

若是遠距工作，更容易有「究竟是為了什麼而工作的呢？」這種虛無感增大的傾向。可是這個問題可以靠自我控制來解決，好好應對這個問題，不要放棄吧。

研究 **1** › **溝通一旦減少，幹勁就會減少**

人會透過溝通來促進幸福荷爾蒙——血清素——與催產素的分泌，以維護精神衛生。因此，**即便是看不太出來有價值的工作，只要和同伴們一團和氣地一起工作，就不會感受到那麼多不滿，或是幹勁也不會減少。**可是在新冠肺炎期間，與他人直接溝通的機會大為減少許多。

右圖是學情股分有限公司以20幾歲年輕人為對象所進行的調查，據此，回答因新冠肺炎而對工作上熱情有變化的人，約增加到了6成。

在新冠肺炎期間，對工作的熱情出現了變化

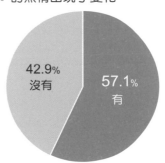

42.9%
沒有

57.1%
有

（學情股分公司的調查）

精神上有不安或不滿的人，若能與某人共享那件事，或許心情能就此變好，但新冠肺炎卻奪去了這樣的機會。依據不同職場的規定，也有情況是，其他部門的同事在遠距工作，只有自己一個人孤單地在辦公室工作⋯⋯。

研究 **2** > 要拿出幹勁，就需要「微小的成功體驗」

幹勁是從累積「微小的成功體驗」而來的。若從這個觀點來思考，許多人是否是因為沒有經歷過微小的成功體驗，才導致熱情低落的呢？

若身處在有許多團隊在運作的大項目工作中，就難以看清工作的全貌，經常會不知道身為該企畫齒輪中一員而運轉的自己「到底是在做什麼」。這時候，若有來自上司或同事的回饋，就容易看清屬於自己該待的地方以及正在做的事。

可是，若無法獲得這樣的指點，就無法實際體驗到工作上微小的成就感，明明有一步一腳印地往前進，卻容易陷入在廣袤沙漠中只有自己一人持續走著的感覺。

自我控制 **1** 細細雕琢目標

無法看清全貌的大工作，就在自己雙眼能看到的範圍內來決定目標吧。重要的是，要設定好小的目標地點。

在此，請參考美國心理學家史金納（Burrhus Frederic Skinner）所提出的「採小步驟（small steps）進行」這種學習以及工作的方式。

 ? 關於「採小步驟進行」的研究

在項目⑤中也提到過「即便到了開始工作的時間，還是提不起幹勁來」，但人腦中有著「犒賞系統」

這個神經結構。犒賞系統會因為欲求被滿足了而活性化，並湧現幹勁或感受到幸福，而那與目標的難易度無關。根據腦波測定顯示，只要達成了自己決定要「去做」的目標，就會受到刺激。

總之，只要將目標分割成小塊，累積微小的成功體驗後，就能湧現出幹勁了。

像是「今天要完成這分資料！」等，**將每日的任務設定為目標，只要這樣就能累積到200次以上的成功體驗**。刺激大腦犒賞系統200次以上後，就會湧現出等量的幹勁來。

若是把大型企畫的終點當目標，即便工作得很恰如其分，一年也不見得會有1次的成功體驗，所以會有很大的差異。

自我控制 **2**

設 定 金 錢 的 報 酬

英國倫敦大學的佩吉古里翁等人發表了「活化大腦犒賞系統以拿出幹勁的研究」。

? 金 錢 的 報 酬 與 幹 勁 的 研 究

有報告指出，不論是有意識還是無意識，只要指示出會給予金錢的報酬，職司幹勁的大腦部位就會活化。

結合自我控制1的方法，預先準備好達成後會給予金錢獎賞的小目標是很有效的。

例如試著製作「獎賞自己的存錢桶」，將工作切割成小區塊，每次只要達成目標，就投入1000日圓當作儲蓄。又或者是可以購買之前就很想要的飾品，準備成是給自己的獎賞。不論是存錢還是花錢，都請設定好是關於金錢的報酬。

自我控制 3　比起整體，更要關注過程

另外也建議要關注容易漏看的瑣碎工作過程。美國哥倫比亞大學繆勒（Claudia Mueller）與德威克（Carol Dweck）等人的研究可供參考。

？關於讚揚過程的研究

有一項研究成果表示，比起成果，讚揚過程會比較能讓孩子的成績提升。該研究顯示，被讚揚結果的孩子，會想著只要結果好就好，就會做出作弊等有些不正當或狡猾的行為；而被讚揚過程的孩子則會持續去努力。

若以社會人士來說，比起結束工作後被讚揚結果「工作做得好」，讚揚過程「你真的很努力呢」會比較能成長。

例如若孩子確實做好文字的書寫記錄或計算等瑣碎的過程，且那分努力受到了讚賞，他們就會積極地去學習，提升整體的成績。

工作也與此相同，即便是難以做出評斷的工作，若沒有幹勁的隨便做，不覺得就是在浪費時間精力嗎？不論是什麼工作，應該都有很多工作是要歷經相同過程的。也就是說，即便是湧不起幹勁的工作，也能累積經驗，活用在有價值的工作上。

對於提高將來能參加有價值的工作的可能性上這點來說，希望大家不論面對什麼工作，都能積極以赴。

8

不善應對網路會議，
沉默的緊張感令人痛苦

最近使用Zoom等的網路會議成為了主流，雖然各位在某種程度上已經習慣了，但似乎也有不少人很不適應。

減省了交通費及移動時間等是其很大的好處，所以今後網路會議這類工具是不會被廢棄掉的。因為不可以「只要當下忍耐過了就好⋯⋯」以下就來用自我控制學習應對能力吧。

研究 1 > 有很多人都很苦惱於網路會議

在新冠肺炎之前，熟悉且慣用Zoom等工具的人應該算是少數派吧。基本上，幾乎所有人都是因必須進行遠端工作而被迫開始學習使用。

**網路會議與面對面開會
哪種好？**

網路會議
48%

面對面開會
52%

n=527

曾因為網路會議
而感到困擾

85%

n=527

（Biz Hits的調查）

第45頁的圓餅圖是股分有限公司Biz Hits針對全日本有進行過網路會議的527名男女所進行的「關於網路會議煩惱的調查」。有52％的人都回答：「比起網路會議，比較偏好面對面的開會」。

雖然也有很多人享受網路會議獨有的便利性，但另一方面，也有85％的人回答曾為網路會議而困擾。

研究 2 ＞ 網路會議中非語言的資訊大幅減少了

誠如前述，在「關於網路會議煩惱的調查」中，有276名回答偏好面對面的開會，其中所列舉的原因，最多的（174名）就是「容易溝通意見」。

排名	偏好面對面開會的理由	人數
第1名	容易溝通意見	174
第2名	網路會議會產生問題	67
第3名	容易發言及討論	47
第4名	能共享資料與現有物品	11

N=276（複數回答）

（由Biz Hits調查）

在網路會議上難以溝通意見的理由就在於非語言的資訊減少了。所謂的非語言資訊指的就是比手畫腳、表情、發音與音調，以及包含服裝在內話語以外的溝通要素。

雖然是網路會議，但當然是看得見臉也聽得見聲音的。可是比起實際會面，很明顯地，未知的資訊增加了。若是面對面開會，大家即便都沉默不語，但彼此也都很快能理解「大家是認真地因為煩惱而沉默」。然而若是無法感受到細微目光或呼吸的網路會議，是否有很多人都會陷入一種感覺是，或許旁人是在想著：「快點說些什麼啊！」而責難著自己呢？

人若是沒有充足的資訊就會透過想像去補足。在網路會議上不足的部分，就會做出多餘的想像來。

增加語言資訊

　　竹內一郎先生的暢銷著作是《你的成敗，90％由外表決定》（2010年，平安文化），為之加上附加條件並善加利用的，是美國心理學家麥拉賓（Mehrabian）所提出的「麥拉賓法則」。

麥拉賓法則

　　麥拉賓用各種方法進行了關於溝通的實驗，其所發表的結果是：人是以下述要素的比例來決定對一個人的印象。

・視覺資訊55％

・聽覺資訊38％

・言語資訊7％

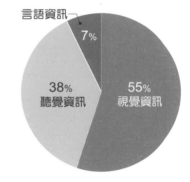

決定一個人印象的要素

言語資訊
7%
38%
聽覺資訊
55%
視覺資訊

　　也就是説，麥拉賓法則指出：「決定一個人印象的，言語資訊以外的約占了9成」。

　　例如若是帶著爽朗的笑容，即便是用低沉的聲音威嚇著「開什麼玩笑啊」，比起低沉的聲音以及「開什麼玩笑啊」這句話，人們會更容易受到笑容這個資訊的影響。

　　不過，在網路會議上，除了言語之外的非言語資訊無論如何都會減少。不論螢幕的解析度有多好，都難以掌握畫面外的情況以及氛圍感，能完全聽清楚聲音的狀況也不多。

　　那麼，該怎麼辦才好呢？

　　答案很簡單，<u>只要增加不會影響印象的**7％**言語資訊就好</u>。即便麥拉賓的研究是正確的，若是其他資訊都受到限制時，言語資訊的部分自然就會增加。既然這樣，就由自己主動打破沉默。言語資訊的內容可以是天

氣、飲食等話題的閒聊，這是個非常簡單的突破方法，但若放著討厭的沉默不管，情況是不會有任何改變的，所以很值得一試。

在網路會議上打頭陣

在增加網路會議言語資訊上，重要的是「打頭陣」。

這麼做是有原因的。因為這是出自加州大學柏克萊分校的安德森（Cameron Anderson）與基爾達夫（Gavin Kilduff）等人的研究：「一開始先發言比較有利」。

關於一開始先發言的研究

有研究顯示，在會議上最先發言的人容易被視為是領導者，而最先被提出的點子也容易獲得採用。

不禁就會沉默不語的人，是因為過於在意別人不知道會怎麼想自己的意見而警戒著「不可以說蠢話」的類型。可是經實驗得知，即便不是什麼重大的發言內容，打頭陣發言比較能給人好印象。

基本上來說，全員共同的心情就是都會想著「不想因為做出什麼發言而失敗」。依此，大家會知道，單是不怕失敗而最先開始行動的人就是具備勇氣與積極性的。

當然，「發言內容＝言語資訊的品質」也能表現出能力與一個人的本性。這些雖然能透過努力來成長，但似乎也有很多人會覺得積極性是難以提升的。這樣一來，大家是否能理解了，與發言內容無關，單只是打頭陣發言就能獲得好評的原因了呢？

會面或開會的一開頭，就是能夠進行閒聊的時機。

若是一直在探尋「該什麼時候發言好呢？」的機會，不知不覺間，話題就會進入到正題，而且那個正題若是嚴肅的內容，或許就會覺得沉默不語才是正確做法了。

此外，誠如先前所說的，經常也會有例子是，比起發言內容，發言順序更重要，所以一開始就主動打頭陣吧。

而且若從一開始就努力增加網路會議上的言語資訊，也能給全體人員帶來「○○先生想要使氣氛熱烈起來呢」這樣積極的印象。

就結果來看，不論是網路會議的「活力」，還是增加了隨之而來的「比手畫腳」這類非言語資訊，就都很值得人期待了。

一開始先這樣如何呢？

9 本只想休息5分鐘，卻變成了30分鐘

許多人開始遠距工作後，拖拖拉拉的就拖長了中午的休息時間，結果工作到將近深夜。

遠距工作的好處是能在想休息的時間休息。但明明只想休息5分鐘，一旦變成了10分、20分、30分……這樣的情況，就會影響到工作與私生活。若要嚴格遵守只在決定好的時間內休息，該怎麼自我控制呢？

研究 1 〉 遠距工作的生產性與工作時間

2013年美國史丹佛大學的布魯姆（Nicholas Bloom）等人以旅行社16000名電服員為對象，進行了關於工作效率的調查。調查報告顯示，因遠距工作，工作的表現平均提升了13％。

但另一方面，2021年美國芝加哥大學的吉布斯（Michael Gibbs）等人則以10000名IT企業員工為對象進行了調查，報告指出，他們的工作時間平均增加了18％，但生產性卻降低了8～19％。

在俄亥俄州立大學達徹（Glenn Dutcher）2012年的論文中提到，遠距工作若是單調的作業，生產性會降低6～10％左右，若是創意性的工作則會提升11～20％左右的生產性。

也就是說可以得知，依據不同的職業與工作內容，遠距工作的生產性會不一樣。

研究 **2** › **如學生時代那樣休息**

大腦若一直在從事同樣的工作，就不會有專注力。為了讓感到膩了的大腦重新振作心情，就應該要頻繁地休息。

成了社會人士後，就沒了像學生時代那樣短暫的休息時間，而用餐所需的較長時間則是理所當然的。要工作8小時，一般來說，大抵是工作3～4小時休息1小時，然後持續工作剩下的4～5小時。

可是其實，這樣的工作方式並不正確。採取像學生時代那樣，在課與課之間短暫休息的工作方式，才能讓成果最大化。

自我控制 1 ‖ **養 成 習 慣 頻 繁 休 息**

有實驗結果顯示，若是須要學習・熟練的工作，頻繁休息很有效。

 關 於 休 息 與 熟 練 度 的 研 究

美國國家神經疾病和腦中風研究所本楚普等人在研究中，對受試者進行了讓他們打字10秒後再休息10秒的實驗，共進行了35次。

結果，比起沒有休息時，在中途休息比較能提高對任務的熟練度。隔天檢查熟練度時，可發現休息中大腦裡的記憶有固定了下來。

我們都明白要將記憶固定下來，睡眠很重要。可是依據這個實驗結果可以得知，在休息中，大腦會活躍地進行將記憶固定下來的活動。

想獲得良好的效率時，使用計時器等劃分時間、頻繁休息很重要。覺得使用計時器很麻煩的人，也推薦利用上下顛倒的沙漏。

採取讓大腦休息的行動

若在休息中玩遊戲或社群網站，可能會無法好好休息。因為沒有休息到，就會想拉長休息時間。在休息時間中要做什麼事是非常重要的。在此要來介紹能有效休息的兩個研究。

關於休息方法的研究

伊利諾大學厄巴納-香檳分校的金教授等人，以80名以上的韓國人為對象進行了調查。在10天內，記錄了他們在休息時間從事的活動，對午餐後、下班後會有什麼樣的影響。結果得知以下3點。

① 進行放空、伸展等「放鬆系」活動，或是與同事間聊天等的「社交系」休息

　→有效減輕工作的繁雜感

② 看報紙、檢查郵件等「認知系」活動

　→午餐後容易覺得工作很煩雜，下班後的疲憊感提升了

③ 吃零食、喝飲料等的「零食・飲料系」活動

　→基本上沒什麼效果。但是攝取咖啡因有助減輕工作上的繁雜感

此外，亞洲大學的李教授與韓國行動科學研究所的金教授以韓國450名勞動者為對象進行了研究。結果得知，與在午餐時間去散步、和他人交談的人相比，上網瀏覽或使用社群網站的人，更容易在午後感覺到精神上的疲勞。

休息時，請進行冥想、散步或輕微的伸展，好好讓大腦休息吧。大腦只要真的有休息到，在結束休息時間時就能瞬間切換狀態。

10 不知道該在什麼時間點休息

雖然有確實專心在工作上，卻困擾於找不到結束工作的時機點。

若有人因遠距而對工作提不起勁感到困擾，人們或許會認為：「能專心不就好了嗎？」可是，持續工作無法休息會讓大腦疲勞而導致工作效率低落這點可不令人喜歡。

研究 1 ＞ 無法長久維持專注力

遠距工作時，單只是不避開社群網站與影片卻仍能自律地專注於工作上這點就很棒了，但就放輕鬆這點來說，不休息而持續工作的狀況，並不會令人感到高興。

因為像是這樣的工作方式可能很沒效率。若一直從事同一種工作，專注力一定會降低。

因為「不知道工作該在哪裡停下」，或許會以為那就是專注的狀態。當然，因為是面對著工作的，所以不算「不專注」，但即便是像這樣一對一的正面相對，面對工作的專注力也確實會隨時間的流經而降低。

結果就是工作效率會降低。有許多研究都是關於專注力的，雖沒有決定性的研究結果，但以下將介紹其中較為知名的研究。

❓ 關於專注力的研究①

依據麻省理工學院的艾瑞利（Dan Ariely）以及歐洲工商管理學院的威爾騰布洛克的研究，成人的專注力持續時間約20分鐘。

面對喜歡的事物時，能長久維持專注力。此外，依判斷，須利用聽覺、視覺、記憶等不同功能時，專注力的持續也會不一樣。

也就是說，工作到一定程度後是一定要休息的。

當然另一方面是，長時間工作會耗費不少體力，狀況會不好，但即便假設大家都擁有絕對不會疲勞的鋼鐵般身體，或許也難以持續專注力。在此讓我們來看一下關於專注力的一個研究。

❓ 關於專注力的研究②

根據關西大學的吉村與友田的研究可以得知，在電腦螢幕上進行工作後約30分鐘，專注力就會開始下降。

很明確的可以看出，平均值是在經過60分鐘後就會受到疲勞的影響。

從這兩個研究的結果來思考，在工作30分前後暫時休息是最好的。

留意工作 25 分鐘就要休息 5 分鐘

這樣說雖然理所當然，但比起8小時不停止的100工作量，即便中間看個1小時的社群網站，用7個小時完成120的工作量絕對是比較好的。

若是遠距工作，中午休息時間也很自由，所以即便是到了12點，也會輕易做出「現在工作正進入狀況，就延後午休吧」這樣的判斷。像這樣的遠距工作方式當然並不是不好，可是一旦完成工作後，即便肚子不餓，也應該要進行遲來的午休。

在研究1中已經說過了，做了30分左右的工作後就應該要休息一下，為了能使之程序化，有個方法很有效。那就是被稱為「番茄工作法」的方式，亦即使用計時器，設定工作25分後休息5分鐘。

？ 何謂番茄工作法？

這是能提升生產性的知名時間管理術。是1990年代初由義大利的企業經營者兼作家弗朗切斯科・西里羅（Francesco Cirillo）所提出。

使用一個番茄型計時器設定25分鐘的工作時間與5分鐘的休息時間，用4個番茄計時器來持續進行。之後休息30分鐘，並重複這些步驟。不過這不僅是單純為縮短工作時間，目標是在25分的工作時間內完成一個任務。

透過頻繁的休息，就能保持高專注力，有效進行工作。

摻雜別的工作

不要讓大腦或身體感到疲累非常重要，但只要看一下項目②「明明是在工作中，卻每隔10分鐘就瀏覽一次網頁」（第20頁）中所介紹到的希爾頓與羅素關於專注力的研究結果（第21頁）就會知道，比起一直持續從事同一種工作，摻雜別的工作或休息片刻，成績較能提升，所以最好不要一直持續進行同一種工作。

即便是同樣的「工作」或「作業」，比起一直看著橢圓形的作業，透過摻雜看著數字或文字的作業可以改變心情，大腦也會重新振作起來。

此外，以下也有關於記憶力的有趣實驗結果。

? 記憶力的研究

加州大學洛杉磯分校的康奈爾（Bradford Cornell）與比約克（Robert Bjork）進行了一個實驗，告訴受試者畫家畫圖的特徵後，針對該內容進行測試。

結果顯示，比起統整畫家畫圖的特色告訴受試者，混雜多位畫家的繪圖後告知受試者，成績會比較好。前者的正確答題率為30%，後者為60%，成績有了近一倍的改變。

關於記憶力，像這樣任意的教法比較能提振大腦精神，提升效率。

因此，即便假設是沒有多餘時間可以休息的忙碌日子，希望大家也能在推進任務的方式上下點功夫。

若一定要摻雜著任務A、B、C時，比起結束A後做B、結束B後進行C，進行A一小時後做B來轉換心情，經過一小時候再換C，像這樣的程序在作業上會比較有效率。

有的人在工作時容易「一回神一天就結束了」，這些人應該是很有專注力的，但此外，因為不擅長切換，無法否認的，就有可能無法在適當的時間休息。

　為了不一直給大腦相同的刺激，只要能定期重振身心，就會提升專注力，疲勞會減退，表現就會提升。

11 不擅長切換 ON 與 OFF

　　大家是否有過如下的經驗？雖想要在當下結束工作，卻還是不禁會心不甘情不願地回覆在下班時間後才寄來的信件。因為無法順利切換ON與OFF，不論是工作還是私生活都不是很順利。其實，有很多人都煩惱於不擅切換這件事。

研究 1 › 沒有 ON 與 OFF 交界的遠距工作

　　在下圖「2020關於遠距工作的調查」中，1000名遠距工作的人中，竟有71.2％的人回答曾有「無法區分工作與私人時間」（「經常如此」「有時如此」「偶爾如此」的合計。以下亦同）的時候。

| 2020 年 4 月以後關於遠距工作的經驗（皆為單選）

全體【n=1000】

■ 經常如此　■ 有時如此　■ 偶爾如此　■ 完全沒有

曾有過（總計）

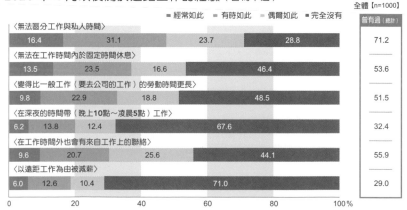

〈無法區分工作與私人時間〉				曾有過（總計）
16.4	31.1	23.7	28.8	71.2
〈無法在工作時間內於固定時間休息〉				
13.5	23.5	16.6	46.4	53.6
〈變得比一般工作（要去公司的工作）的勞動時間更長〉				
9.8	22.9	18.8	48.5	51.5
〈在深夜的時間帶（晚上10點～凌晨5點）工作〉				
6.2	13.8	12.4	67.6	32.4
〈在工作時間外也會有來自工作上的聯絡〉				
9.6	20.7	25.6	44.1	55.9
〈以遠距工作為由被減薪〉				
6.0	12.6	10.4	71.0	29.0

0　　　　20　　　　40　　　　60　　　　80　　　100%

（聯合調查）

這是在新冠肺炎初期的2020年6月所做的調查，或許之後也有人變得擅長切換ON與OFF，但從這調查可以得知，這個問題頗讓大多數的遠距工作者煩惱。

研究 **2** › 遠距工作有延長勞動時間的傾向

在先前的問卷調查中，有51.5％的人回答「變得比一般工作（要去公司的工作）的勞動時間更長」。「經常如此」的有9.8％，「有時如此的」有22.9％，「偶爾如此的」有18.8％，有超過半數的人都實際感受到，遠距工作的勞動時間變長了。

誠如此前所看過的項目，有許多人都認為，在遠距工作時要專注心力在工作上是個頗難的問題。其他也有人是像帕金森定理（第37頁）所說的那樣，拖拖拉拉地延長了工作時間。

自我控制 **1**
在下班前，提前1小時結束工作

這個方法非常簡單，但卻是能快速完成工作的一個方法。

話雖這麼說，也不能擅自變更公司固定的下班時間。因此我們要像飛機欲著陸前般，自行設定好開始的時間，針對下班時間擺出著陸姿勢。

只要好好利用帕金森定理（第37頁），將下班時間前30分～1小時設定為「結束時間」，就能準確結束工作。

例如像一開頭所寫的那樣，下班後卻有人寄來回饋意見的信件，這是很常見的。在辦公室工作時，在物理上不會看到這些信。

若是在接近下班時間聯絡結束工作的相關人士，收到信的對方會來聯繫是很理所當然的。既然如此，就預先在工作時間內設定好「意見回饋」的時間吧。而若是對方有回覆，就處理在下班前能解決的內容。若不能，就回信說：「明天會做出修正。」這樣做是最好的。

而且就腦科學來說，無法轉換成OFF的原因，單純地是與「因為沒有去做與工作不同的行動」有關。

大腦中沒有切換「ＯＮ」跟「ＯＦＦ」的概念，只有從某個模式變換到另一個模式。所以只能打造契機去開始從事其他的行動。例如決定好若是工作結束了，就立刻關閉電腦電源，轉換成是用智慧型手機來看社群網站吧。

改變環境也是很有效的，若是有做出工作室與客廳的區分，不想要加班的時候，只要趕快去到客廳就好。

此外，穿脫衣服也能有效地強制重振精神，所以<u>也建議結束工作後立刻去洗澡</u>。平時很晚洗澡的人，請務必嘗試看看。

自我控制 2　聽韋瓦第《四季》的〈春〉

在自我控制1中，我們談到了從ON切換到OFF的方法。在此，與1相反，我們要來介紹能毫不費力地從OFF的散漫狀態轉變成提升注意力、專注力、記憶力的ON狀態的方法。

？ 提升注意力的研究

英國諾桑比亞大學的利比（Libby Orme）提出的研究報告指出，只要聽了古典名曲偉瓦第《四季》的〈春〉，心情就會變得積極正面、注意力與專注力會提升，連記憶力也會提高。

關於《四季》的〈春〉的效果，根據分析指出，那首曲子是眾所皆知的知名樂曲，而且也是能提升情緒高昂感的曲子。

但也不一定非要是《四季》的〈春〉不可。或許只要是知名且能提升情緒高昂感的曲子，都會有同樣的效果。話雖這麼說，想切換成是ON模式時，各位要不要先從經科學實證有效的這首曲子開始聽起呢？

12 漫不經心的失誤多到 連自己都討厭

明明自己也反省過了，卻還是犯了相同的錯誤好幾次。有這種煩惱的人應該很多吧。

根據頻繁發生恍神失誤的不同原因，應對的方法也不同。我們不是因為想才做出失誤的，所以就盡可能地以自我控制來避免吧。

研究 1 › 大腦真的很馬虎

人的大腦擁有各種功能，但也正如本書中多次提到的那樣，它也有馬虎跟單純的一面。

隨著科學的進步，在這幾十年間，關於大腦認知的研究也正在加速進行中，但我們所得知的結果卻是：「人難以好好看著事物。」

這並不是什麼複雜的話題，就是如字面上所說的那樣。即便眼前上演著相同的現象，雖有人會做出完全相反的想法，但那樣的判斷或想法並沒有什麼問題。原因很單純，因為人很容易「忽略眼前發生的事」。在此就要來介紹實際驗證了大腦有多馬虎的研究。

哈佛大學查布利斯（Christopher F. Chabris）與西蒙斯（Daniel Simons）進行了一個稱為「看不見的大猩猩」的知名實驗。受試者看著某個影片。影片中，穿著白色T恤與黑色T恤的男女在互傳籃球，影片一開頭就顯示出「請算算穿白色T恤的人傳了幾次球」的文字。

可是實驗的主題並不是要數傳球的次數。影片中除了穿T恤的人，還有穿著猩猩布偶裝的人登場，實驗就是去調查有沒有人注意到這件事。

猩猩沒有躲躲藏藏的，而是光明正大的出現，但結果很令人不可思議，因為大家都專注在白隊傳球數上，約有半數的受試者都沒發現到有猩猩。

或許有人覺得很難讀懂這段文章，但只要在YouTube上搜尋「Invisible Gorilla」就會跑出「selective attention test」的影片。

實際上，沒注意到影片中猩猩的事實，可以讓我們深切體悟到大腦有多馬虎。大腦就是這樣，所以或許自然地就會不斷重複恍神的失誤。

研究 2 > 若刺激過度就容易失誤

北海道大學田村所進行的研究顯示，若刺激過度就會焦急而容易出現錯誤。

 錯誤的研究

在這實驗中，分成以下3組來進行。

① 回答完後不給犒賞

② 雖會給予犒賞，但有附加條件是，若回答慢了就削減犒賞

③ 會給予犒賞，而且附加條件是，若較早回答完就會增加犒賞

結果，刺激較高的③組會傾向於較早完成任務。而且顯示，出現錯誤時，腦波的反應會較大。因為加大了刺激而焦慮，於是失誤就增多了。

急事緩辦吧。不要僅講究速度，沉著冷靜地檢查有無失誤的去進行工作，就結果來說是比較好的。

自我控制 1 寫下應該專注之處

誠如我們在研究1中所看到的，雖然大腦很是馬虎，但一般認為，造成恍神失誤的原因可大致分為兩種。

第一種是單純地在發呆。而另一個原因則是關注在不做也可以的事上，卻沒看見本來應該要關注的地方。

也就是說，因為注意力散漫，把專注力發揮在錯誤的地方才導致容易失敗。

在紙上寫下應該關注之處能大幅減少失誤。同時，將寫下的東西貼在牆壁上就能提高注意力。

若是不知道應該要關注哪些部分時，可以試著請教前輩後寫在紙上，然後貼在顯眼之處。

決定好模式吧

　　要減少在工作上的失誤，完全決定好模式也是一種減少失誤的方法。例如在因疏忽所造成的失誤會直接攸關性命的醫院裡，會制訂一個絕對的規則，就是在手術前後要進行雙重／三重檢查手術刀等器具。只要決定好「一定要這樣做」的模式，就容易避免經常會發生的失誤。

　　在此推薦哥倫比亞大學格蘭特所提出的「若則計畫法（if-then planning）」。也就是預先決定好：「如果（if）發生了○○，屆時就（then）做XX」。

| 若則計畫法

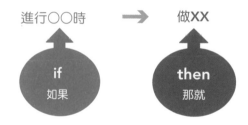

　　紐約大學戈爾維策（Peter Max Gollwitzer）分析了各種實驗，證明了若則法則，總的來看是有很高效果的。

　　就決定好「如果進行○○時，一定要注意這裡，結束後也要檢查這裡」這樣的規則，然後排入程序中吧。

　　決定「then」時可以參考自己犯錯時來自同事或前輩的指謫。可以將這些指謫寫在紙上，或是在電腦桌面上設置資料夾，好能立刻確認。

忘記了本來想要做的事

　　大家是否有過以下經驗：隨興說話、行動後會突然想到：「奇怪，我剛才在幹嘛？」此外，稍做休息後就想不起來「我工作做到哪裡了？」

　　或許這樣的狀況也有說中部分年輕人，但那到底是什麼問題？又該怎麼進行自我控制呢？

研究 1 > 若血液不流通，海馬迴就不會運作

　　大腦的記憶有分「短期記憶」與「長期記憶」兩種，以職司記憶而知名的「海馬迴」這個部位，就是處理短期記憶的部分。在海馬迴內會整理短期記憶，只要判斷出是重要資訊，就會將之移到「大腦新皮質」中，固定成為長期記憶。

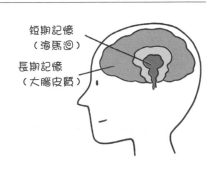

短期記憶
（海馬迴）

長期記憶
（大腦皮質）

　　因此不論是一點小事還是想要形成長期記憶的事務，那些資訊首先都會去到海馬迴。

　　而**要讓大腦有效運作，讓大腦的血液流通順暢很重要**。氧氣是大腦的燃料，會順著血流被運送到腦部。

　　造成「奇怪？我剛在做什麼？」的原因與短期記憶相關，但不論是長期記憶還是短期記憶，海馬迴的運作都是重點，所以一定要好好將氧氣送至大腦。

睡眠不足是記憶力的大敵。簡單來說，若睡得不夠，大腦就無法正常活動，記憶事物的功能就會降低。隨年齡增長，有很多人的睡眠時間會縮短，深沉睡眠的時間也會減少。但是大腦在深沉睡眠時會將記憶固定下來，所以睡眠時間變短、睡眠時間減少時，讓記憶固定下來的時間就會減少，結果記憶力就會降低。

而且根據東北大學瀧等人的調查指明，睡眠不足對長期記憶也會造成問題。

睡 眠 時 間 與 海 馬 迴 大 小 的 研 究

在針對209名（男女比例為一半一半）5歲到18歲健康孩童的頭部MRI攝影以調查大腦型態的同時，也以問卷形式調查了相同孩子們的生活習慣。

結果，比起睡眠時間為一天5～6小時的孩子，睡9～10小時的孩子，海馬迴約大了1成。亦即，睡眠時間較長的孩子比起睡眠時間較短的孩子，可以説海馬迴有較大的傾向。

有多個研究顯示，海馬迴較大，記憶力就較好，所以睡眠不足會在根本上造成記憶力低下。

此外，β澱粉樣蛋白這種蛋白質是阿茲海默型失智症的原因物質，會在睡眠中從腦血管中排出到大腦外。因此，若睡眠時間不夠，β澱粉樣蛋白就會積蓄在大腦中，提高罹患失智症的風險。

自我控制 1 喝水

有一個常見的舉動意外地能促進大腦的活性化，那就是喝水。

關於記憶與喝水的研究

　　根據英國東倫敦大學與西敏大學的研究員們所進行的實驗，得出了一項結果是，專注在知識性作業上之前，只要喝下約500ml的水會比沒喝水直接進行作業時更能活化大腦。

　　養成喝水的習慣對維持健康也有各種好處，希望大家務必養成喝水的習慣。

自我控制 2　透過運動將血液送往腦部

　　有些人雖然沒有睡眠不足，睡眠品質也不糟，但就是會莫名健忘，這可能是因為大腦血流較少，海馬迴無法發揮本來的作用。因此，以加快呼吸、做會讓心跳超過120／分帶點負擔的中強度運動，來讓血液循環全身吧。例如建議可以進行10～20分鐘左右的快速慢跑、跳繩、上下樓梯等運動。

運動與記憶力的研究

　　美國密西西比大學的克勞福等人進行了關於運動與記憶力的實驗。他們讓受試者進行以下①與②的運動，然後進行單字測驗。

① 心跳數提升50%以上的輕微運動

② 心跳數提升80%以上的激烈運動

　　接著比較①與②兩者以及不運動的情況，然後公布了在單字測驗中記憶力提升了的實驗結果。

14 吃過午餐後就難以 拿出幹勁來工作

大家是否困擾於午餐後無法投身工作呢？

雖有人說是「因為用完餐後就想睡覺」，但即便想睡，若是需要長時間站著的工作也不可能睡。可是坐辦公室的人，即便是周遭有人，仍不禁會打起瞌睡或是發呆地上網……應該有很多人都有過像這樣徒然讓時間流逝的經驗吧。

在此要來介紹一個方法，讓人在午休後能提升效率。

研究 1 › 全日本人都睡眠不足

2019年，經濟協力開發機構（OECD）公布了一分報告，根據各國平均睡眠時間的資料（參考下圖）顯示，日本人的平均睡眠時間為7小時22分。這結果不僅是7個先進國中的最後一名，在36個會員國中也是最後一名。

| 各國的平均睡眠時間

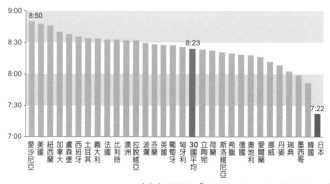

（來自OECD「Gender Data Portal 2019」的調查）

多數日本人本來就沒有充足的睡眠，所以必須努力地好好確保睡眠時間。

研究 **2** › **午餐後無法湧現出幹勁**

身而為人，午餐之後無法湧現出幹勁是理所當然的。產業醫學綜合研究所（現・勞動安全衛生綜合研究所）的高橋等人發表了一項關於午餐後睡意的研究結果。

? 午餐後的睡意研究

將受試者分成以下3組，測量午睡前、30分後、3小時後的腦波

① 午餐後午睡**15分鐘**

② 午餐後午睡**45分鐘**

③ 午餐後不午睡

有午睡的①與②兩組，在30分後以及3小時後，可以觀察到他們感受到睡意的程度降低了，副交感神經占了優位，處於放鬆狀態。而沒午睡的③則是處於睡意很強的狀態。

從這結果可以得知，要在午餐後提升工作的幹勁以提高生產性是件困難的事。順帶一提，睡15分鐘午睡的①組，完成任務的表現力提升了。

自我控制 1

用冷毛巾擦臉

財團法人電力中央研究所人類行為研究中心的廣瀨與長坂發表了關於用冷毛巾擦臉的研究。結果得知，冷毛巾不僅能給予我們爽快感，與休息前相比，擦臉後能帶來瞬間提升成績的效果。

> ### 休息後表現提升的研究
>
> 實驗是歷經數日，讓受試者進行計算或搜尋等簡單的任務50分鐘，之後以下述兩種方法休息15分鐘，接著再各自配合進行「用／不用冷毛巾擦臉」。
>
> ① 只閉上眼睛
> ② 閉上眼睛聽音樂
>
> 之後，測定休息前後任務的完成度、睡意、專注度的差異，還有腦波。結果得知，「只閉上眼睛+用毛巾擦臉」是最有放鬆效果，休息後表現會提升的。

這個方法不論是在辦公室裡還是遠距工作的人都能簡單進行，很值得一試。

休息（閉上眼睛）　　　用冷毛巾擦臉

15分鐘後

表現提升

自我控制 2

做上下樓梯的運動

　　根據美國喬治亞大學的蘭道夫與歐康納等人的研究顯示，「只要進行10分鐘上下樓梯的運動，就有消除困倦，獲得活力的效果」。

？ 關於消除困倦與幹勁的研究

　　　　讓受試者長時間坐在電腦前，並讓他們進行需要語言能力與認知能力的作業。之後再讓他們進行以下三種模式的行動。

① 攝取咖啡因

② 以加入了麵粉的安慰劑（假藥）取代咖啡因的攝取

③ 進行上下樓梯的運動（花10分鐘上下30階）

　　結果可以看出，上下樓梯的③在作業記憶、幹勁、專注力等上都有所提升了。另一方面，食用咖啡因或假藥的①與②則沒有看出在幹勁上有很大的變化。

　　攝取咖啡因以及安慰劑後幹勁沒有出現變化是很令人驚訝的結果。雖然是有點辛苦的運動，但午餐後想獲得活力的人，請試著進行上下樓梯的運動10分鐘吧。

　　不論是辦公室的樓梯還是遠距工作時自家的樓梯，又或者是外面的車站樓梯都可以。這麼做也可以解決運動不足的問題，可說是一箭雙雕。

第 **2** 章

生活上的
懶懶散散

15 休假日時整天都在看社群網站

　　各位有在利用像是Facebook、X（原Twitter）、Instagram等社群網站嗎？社群網站在工作及建立私人網絡上是很有用的工具，現今，幾乎所有商務人士都會使用，在拓展工作範圍上很有幫助。但是相對的，也的確是有人像是社群網站中毒般，離不開手機。在這個項目中，試著思考一下，該怎麼與社群網站相處才是最好的。

研究 1 ＞ 過度使用社群網站會導致憂鬱

　　社群網站已經完全滲透進現代人的社會生活中了。全世界的人都在使用這項工具，關於社群網站的研究也增加了。

　　那麼，究竟都有些什麼樣的研究呢？雖然對喜歡社群網站的人很抱歉，但老實說，很多研究的結論都是「最好不要過度使用社群網站」。例如英國倫敦大學學院的凱利等人對超過10,0000名的年輕人（平均14.3歲）進行了調查研究。

？關於長時間使用社群網站的研究

　　愈是長時間使用社群網站的人愈是可以看出其有憂鬱的傾向。而且使用時間愈是增加，也愈有攻擊性的傾向，身材自卑感也愈嚴重。

就像為網路霸凌所苦而自殺的人一樣，在社群網站上，欲望、思想失控而變得有攻擊性的人也不在少數，所以應該也有很多人能理解關於長時間利用社群網站會變得有攻擊性的指謫。

可是，身材自卑變嚴重的結果卻很驚人。這說的不是「因為社群網站而變胖」，而是因為使用社群網站的時間過多，導致外出走動或運動時間減少了。結果，分給「維持體型去做的行動」的時間減少，自卑感就增加了。

研究 2 › 靠社群網站來提升正面積極的情緒

這裡，與研究1所說的完全相反，社群網站當然也不全都沒有優點。正因為這樣，才會成為人們生活中不可或缺的工具。

以下將介紹北京航空航天大學方教授等人針對X（原Twitter）使用者的調查。

針對 X（原 Twitter）使用者的研究

方教授與中國、美國、荷蘭的研究者共同對74,487名的X（原Twitter）使用者進行了調查。結果發現，發正面積極的推文時，情緒會提升，而負面消極的情緒則會減少。

感到正面積極時，若將自己的情緒發成推文，就會持續約1.25小時的正面積極心情，之後則會回復到平時的心情。

另一方面，感到負面消極時，只要把自己的心情發成推文，約10分鐘後就能回復到平常的心情，而且可以持續1.5小時左右。

此外，長時間使用社群網站而導致憂鬱狀態的傾向，尤其在女性身上會比較強烈。

不過也有研究結果指出，即便是為擺脫消極負面心情而發的推文，人們也不喜歡他人表現出說人壞話或批判的情況。

東芬蘭大學的阿爾尼（Elisa Neuvonen）等人對622名受試者進行失智症的分析，同時以1,146人為對象來調查壽命的長短，結果顯示，對他人懷抱不信任感傾向的人，罹患失智症風險約高了3倍。

據說大腦無法分別「主詞」。

例如即便是在社群網站發言：「你真是個無聊的人。」在腦中也會將其視為與說「我真是個無聊的人」這句話的意思一樣。不論是以他人為主詞還是自己為主詞來說人壞話或批評，最後對自己的心以及大腦機能來說都是有害的。

誠如從這結果中可以得知的一樣，比起去尋找他人的過錯，希望大家為了自己好，不如多去看看那些微小的喜悅與幸福。

只要能善加利用，社群網站就是能將自己心情控制往好方向的工具。可是有很多人都會過度沉溺其中，所以增加過多使用時間，發生了如前述凱利等人研究中所指出的缺點。

研究 3 › 社群網站是輕易地就會把自己與他人做比較的工具

心理學家費斯廷格（Festinger）提出了「社會比較理論」，認為人是會與他人做比較的生物。這點在社群網站上也是一樣的。

費斯廷格將跟他人的比較分成了兩類，一是與比自己幸福的人、優秀的人比較的「向上比較」，以及與比自己更不幸的人、不優秀的人比較的「向下比較」。

乍看之下，向下比較怎麼看都是有問題的，但卻具有能安定自己心緒的效果。話雖這麼說，總是在向下比較也會引發一個問題，就是難以產生提升自我的動機、熱情。此外，有時往下看著比較的對象們，扭曲的心情也會膨脹。

　不論是哪種，社群網站都是一個能簡單比較他人與自己生活的棘手東西。因著比較而生的嫉妒、自卑感、驕傲、妄自尊大的態度，導致與他人發生許多問題，這也是事實。

　別人是別人，自己是自己，各有各的價值觀與生活方式都是很理所當然的。可以不用把自己的價值觀強推給別人，或是拿別人來跟自己比較。不論是自己還是他人，若是過於想著「應該這樣」，就會被那詛咒所束縛，給自己心靈帶來負擔。

自我控制 1　刪除手機上的社群網站 APP

　那麼，要避免在研究1～3中所看過的社群網站消極影響，該採取什麼樣的行動呢？

　最簡單的就是「停止使用社群網站」。

？關於限制使用社群網站的調查

　　丹麥哥本哈根大學特隆歐爾以1,095名（平均34歲）丹麥人為對象進行了調查，結果顯示，單只是一個禮拜不使用臉書（Facebook），生活滿意度就提升，情緒上也變得正面積極了。

　或許也有人是想戒卻戒不掉、社群網站中毒，這時候就將狀況改變

成是不能使用社群網站吧。

　　只要將餐飲店內的椅子換成難坐的椅子，久坐的客人自然會減少，可見人是會被環境所控制的。所以只要處在「無法使用社群網站」的環境，對社群網站的疲勞就會消失。

　　不用特地跑去沒有電波訊號的山裡，只要刪除手機上的APP就好。

　　雖然只要重新安裝就能回復，但愈是增加作業工程，人類就會愈不想行動，至少在心情上會覺得「到再度安裝為止都不再看社群網站」時，就會遠離社群網站了。

　　順帶一提，也有社群網站是，只要刪除了APP就會連登入紀錄都消除，所以消除APP時請先確認使用規則吧。

自我控制 2　想像心情會變得不好

　　一旦想著不可以看反而會想看。這種心理反應被稱為是「潘朵拉效應」。這來自於一則希臘神話，說的是有位名叫潘朵拉的女性輸給了好奇心，打開了全能的神宙斯所說「絕對不可以打開」、被稱為災難的盒子。

　　之所以會想看社群網站，若是出於社會性比較，對他人的生活、行動、思考、興趣感到好奇，就試著應用潘朵拉效應的抑制法吧。

? 抑制好奇心的研究

　　以下介紹由芝加哥大學的希與威斯康辛大學麥迪遜分校的盧恩所進行的實驗。在電腦螢幕上顯示出以下①～③的按鈕。

①　按下表示「水」的按鈕→流洩出水的聲音
②　按下表示「指甲」的按鈕→流洩出用指甲抓撓黑板時的不愉悅聲音
③　按下表示「？」的按鈕→不知道會出現哪種聲音

結果，受試者按下了③「？」不知道會出現哪種聲音的按鈕的次數是其他按鈕的1.4倍。也就是説，若不知道會出現什麼，人就會湧現出好奇心，不禁就會想按下按鈕。

　　還有項實驗是，準備好所有會給人負面印象的昆蟲畫，然後調查知道會出現哪幅畫的情況，以及不知道的情況下會有什麼差異。

　　結果顯示，就和希與盧恩所做實驗一樣，不知道會出現什麼畫來的情況，按鈕數會比較多。可是，讓受試著看著畫預測最後心情會變得如何時，按鈕次數減少了。

　　從這項實驗可以得知，只要讓人想像他們不喜歡的結果，好奇心就會減弱，變得不想去看了。

　　從這結果可以得知，不禁會盯著社群網站看的人，只要在事前想像「或許會因為罪惡感或社會比較而使得自己的心情變糟」，就能減少想看的次數。

自我控制 **3** 不 帶 數 位 產 品 去 旅 行

　　透過英國格林威治大學的凱等人所進行的研究，或許意外地就能簡單地斷開社群網站。

？ 關 於 斷 開 社 群 網 站 的 研 究

　　凱等人讓7個國家的24名受試者不帶電腦、平版、手機等去旅行，然後統整他們的日記與訪問結果。結果，許多參加的人都很享受那趟旅程，從旅途歸來後，也有不少人在日常生活中減少了使用電腦或手機的時間。

這個實驗是一種認知行為療法，是讓會因為不使用社群網站就感到不安的人，實際在旅行期間不接觸到數位產品，讓他們認識到「不使用社群網站也沒問題」。只要體驗過強制性的數位排毒，意外地竟有很多人都能樂在其中。

在平常生活中，一旦空閒了下來，就莫名地會去看手機、上網，百無聊賴地打發時間，這也是事實。受試者們為了不浪費進行數位排毒時的「閒暇」，就會傾向於採取能「享受」那段時間的行動。

參加者們得知了，實際上真的需要手機的情況以及意外地不需要時的狀況，也知道了該以什麼樣的目的來使用數位機器，成了能修正之後生活的有益經驗。各位也請試著別帶數位機器出門去個兩天一夜的旅行吧。

自我控制 **4**

1 天 使 用 3 0 分 左 右 的 社 群 網 站 是 最 好 的

若不會令你感到困擾，那麼也可以不用社群網站。不過這時候，仍有須要留意的要點。

這在之後要介紹到的項目⑱「覺得和人約碰面很麻煩，所以減少了溝通而感到寂寞」（P90）中會詳細敘述到，人若與他人間沒了溝通，是有可能危害健康的。

若完全無法透過社群網站看到朋友或公司的動向，就會讓人感到不安。

實際上在新冠肺炎期間，會在社群網站上尋找溝通或娛樂的人似乎不少。Glossom股分有限公司對全日本從10幾歲到70幾歲的1442名男女實施了「關於利用手機收集資訊的定點調查2021」，根據該分調查顯示，每天平均利用手機的時間從2020年的126.69分增加到136.6分，增加了7.6％，而社群網站一天的平均利用時間則從2020年的67.1分增加到77.8分，增加了15.9％（參考隔頁表）。

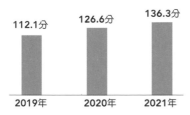

一天平均利用手機收集資料的
時間變化

112.1分　126.6分　136.3分

2019年　2020年　2021年

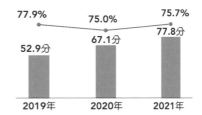

利用社群網站時間與利用率
的變化

77.9%　75.0%　75.7%

52.9分　67.1分　77.8分

2019年　2020年　2021年

（註）　平均利用時間是以全體總人數為參數所統計得出

（來自Glossom股分有限公司　「關於利用手機收集資訊的定點調查2021」）

　　來看一下美國賓州大學所進行的調查吧。這項研究的關注在使用社群網站時間不同所造成的不同影響。

關於使用社群網站時間的研究

　　亨特等人將143名學生隨機地分為以下兩組。

①　限制1天只能使用Facebook、Instagram、Snapchat30分鐘的組。

②　無所限制，隨自己喜好使用社群網站的組

　　觀察這兩組三星期，結果可以發現，①組比②組更能有效抑制孤獨感、憂鬱以及不安。亨特等人認為，將一天使用時間控制在30分左右，比較容易獲得幸福感與安心感。

　　從這項結果也可得知，比起完全斷開社群網站不用，限制1天使用約30分會是比較好的。利用iOS的APP「螢幕使用時間」功能，打造1天只能用30分社群網站的環境吧。

16 懶懶散散地看電視或影片

生活上的懶懶散散

雖然沒有那麼常使用社群網站，但應該很多人一有空閒時間就會在YouTube上看影片。如同大家所知，小學生在將來想從事職業的排行榜中，YouTuber是榜上有名的。YouTube可說是生活中不可或缺的。

不過，明明有事情要去做，卻看著YouTube上播放的新影片而無謂地浪費了時間，就可說在管理時間上是失敗了的。在這個項目中，我們將要來介紹關於時間管理的自我控制。

研究 1 > 因為新冠肺炎而使看影片的時間增加了

因為新冠肺炎，利用社群網站的時間增加了，在前項也提到過「休假日一直在看社群網站」，但其實，看影片的人數可能也比以前增加許多。

媒體廣告公司Mediabrands以15～74歲2400人為對象進行「Media in MindTM 2020 數字媒體調查」，該調查指出，在「新的生活模式」中使用時間增加最多的就是「看電視」，其次則是「觀賞影片播放服務」。

或許直接了當的說就是，也有讀者感覺到自己在這2～3年間，懶懶散散看電視及YouTube的時間增加了。

就年齡層來看，**30歲以下是看「影片播放服務」、40歲以上則較多是看電視，但雙方的特徵都是看不會被中斷的媒體。**

研究 2 › 看影片會降低睡眠品質

睡前看電視或影片，會受到畫面中放射出的藍光的影響，使得生理時鐘紊亂、降低睡眠品質，這點已為人所知。

關於使用播放媒體與睡眠的研究

廣東財經大學的簡教授與華東理工大學的段教授等人，以394名大學生為對象進行了調查，確認了在就寢前使用播放媒體會對視覺造成刺激，導致身心疲勞。

而且美國貝勒大學思克林等人在2021年也進行了一項研究，亦即若在睡前聽音樂，將無法獲得品質優良的睡眠。結果似乎是，睡著的時候大腦仍在運作，仍持續在處理來自聲音的刺激。

睡眠品質的惡化會直接影響到身體與心靈，所以睡前最好避免看影片或聽音樂。

上健身房鍛鍊身體

「渾渾噩噩看電視的人」並不是因為持續播放著自己喜歡的節目而熱中收看,而是「單純地開著電視」。各位是否也是這樣?明明不是特別感興趣,卻因為播放著影片就跟著看下去了呢?在此要介紹一項活動研究,讓大家可以切斷這樣的連鎖,改去做該做的行動。

? 關於上健身房與自我管理的研究

澳洲麥覺理大學的歐頓與陳讓運動不足的24名男女,在兩個月內過著刻意什麼都不做的生活,之後再讓他們去上兩個月的健身房。結果可以看出,運動後,竟驚人地在多方面出現了如下的自我控制的改善。

① 壓力減少了

② 吸煙量、飲酒量,以及咖啡因的攝取量都減少了

③ 能控制情緒了

④ 增加去做家事的次數

⑤ 飲食生活變健康了

⑥ 減少了浪費

⑦ 能遵守義務及約定了

⑧ 可以看出學習習慣改善了

尤其是⑦跟⑧,因為能好好去做必須要做的事,很適合於「懶懶散散看著影片,無法去做該做的事」的人。同時從這實驗也能得知,運動會讓大腦轉速變快,給生活整體帶來活力。

從這個結果來看,或許有人會想,「是不是只要運動就好」,就算不上健身房也沒關係?

不過,上健身房會帶來好效果。因為誠如先前屢次提到過的,會有助於「改變自己所處的環境」。

首先，因為去健身房，就看不到影片。也就是說，因著去上健身房，能打造「看不到影片的環境」。

或許也有人會去有播放電視的健身房，或是把手機固定在跑步機上邊看影片邊鍛鍊，但至少能避免「懶懶散散地看影片」。若是去健身房，周圍有人看著，即便是邊看影片，也能投身運動。反而還能透過「邊看邊做」地高效使用時間，查看想看的影片。

還有另一點很重要，就是「去健身房」這行動。

或許因為新冠肺炎，使得「外出」與「聚餐」等活動都減少了，也有人是因為多了許多的個人時間，就開始有長時間觀看影片的習慣。

例如若是每天早上7點起床、8點出門去公司、9點開始上班的公司員工，考慮到用餐、換裝、化妝等，早上應該不會有太多的時間。但是變成遠距工作後，隨意打扮一下就好，能確保每天早上都有多出約1小時的時間。若能有效使用這時間還好，若不擅長管理時間，不禁就會看社群網站、影片而浪費了時間。

因此，透過去健身房這種新場所、打造新環境，就有望能獲得增加自律因素的效果。

自 己 決 定 好 看 完 的 時 間

　　有一個簡單可以做到的行動推薦給覺得上健身房很麻煩的人。之所以會懶懶散散地看影片，沒有設定好結束時間也是一個原因。在此來試著看一下提高時間管理能力的研究吧。

自 己 做 好 截 止 時 間 的 研 究

　　在麻省理工學院的艾瑞利與歐洲工商管理學院的維爾維廷布拉克研究中可以得知，只要自己決定好截止時間，就會傾向比最終截止時間更早結束。

　　若是無法遵守自己設定好的截止時間而須要受到懲罰時，遵守截止時間的人也比沒有設定罰則的人來得增加了。

　　這研究重要的是自己決定結束時刻。

　　這聽起來雖很理所當然，但藉由能否意識到結束時刻，就能改善時間管理能力。只要自己決定好結束時刻並利用通知計時器等道具，會更容易實踐。

17 沒有心情煮飯做菜

　　因為新冠肺炎，待在家中的時間增多了，似乎有很多人都厭倦了買便當吃，試著挑戰煮飯做菜後，竟意外地覺得有趣而開始研究料理。

　　另一方面，也有人是每天都得自己煮，覺得要煮飯做菜很麻煩的。話雖這麼說，也不可能每天都去外面吃或外帶。

　　為了能盡量自己煮，就試著進行能轉換成「來煮飯做菜吧」這種心情的自我控制吧。

研究 **1** 〉 ## 持續吃外食會對健康面有不良影響

　　這是關於喜好的生活方式的問題，或許也有人會覺得「不煮飯做菜不是也可以嗎？」可是誠如大家所知道的，基本上飲食最好是能平均攝取主食・主菜・配菜。就日本厚生勞動省*的調查結果來看，愈是常在外吃飯或外帶回家的人，主食・主菜・配菜的攝取就愈是不均衡。

　　此外，以下將介紹臺灣歷經十年所做關於自己煮的研究。

> **？ 關於自己煮與健康的研究**
>
> 　　臺灣與澳洲的研究團隊一起以住在臺灣的65歲1888名男女為對象進行調查。結果發現，一週在家自己煮飯做菜5次的人，10後的生存率比沒有這麼做的人高出了47%。

*註：日本的厚生勞動省相當於臺灣的衛福部。

研究 **2** > 外食對經濟面上也有不良影響

　　主打健康飲食的店增加了不少，但假設即便是提供比自己煮更健康的飲食，外食或是以現成的小菜做成便當當作一餐，不論怎麼說都是比自己煮還花錢的。

　　實際上，根據以岐阜大學的大學生為對象的調查結果顯示，根據統計，女性自己煮的比例比較高，而在日本總務省*統計局所進行的全國消費實態調查中，關於餐費支出的比例是男性較高，若將這兩項事實合併起來思考，可以說外食的花費是很多的。

自我控制 **1**　自問自答

　　在多倫多大學傑勒托與英茲利希特（Michael Inzlicht）的研究中得出一個結果，即只要自問自答，就能提升自我控制。

 ？ 關於因自問自答所形成的自我控制研究

　　傑勒托與英茲利希特將受試者分成以下兩組進行實驗。

① 自問自答組──「自己想做的行動是正確的嗎？是沒錯的選擇嗎？」

② 用非慣用手的手持續畫圓，處在無法進行自問自答狀態下的組

　　讓這兩組進行一個任務──按壓表示指定顏色圖形的按鈕，結果①組正確回答率高出約30％。亦即，透過自問自答，能做出正確的判斷。

*註：總務省，相當於臺灣的內政部。

應用這個實驗證明，在感覺似乎湧現出「煮飯做菜好麻煩」的心情時，就試著進行「不自己煮好嗎？這樣的選擇能不留下罪惡感嗎？」這樣的自問自答，就能做出正確判斷了。

自我控制 2 去烹飪教室

日本東北大學的田代等人，自2011年10月以來在調查味之素集團於受到東日本大地震災害的東北各縣所舉辦的「心靈交流紅圍裙企畫」效果。

> ? 關於烹飪教室與自己煮的研究
>
> 受災而住進臨時住宅的人們，因廚房空間狹小，無法隨心所欲地進行烹飪，導致營養失衡。此外，一旦不太能與附近鄰居交流而孤立或窩居在家，也會有各種健康上的風險。
>
> 因此在同企畫中，味之素集團在臨時住宅的集會所等地舉辦了烹飪教室等，進行多種多樣的活動。
>
> 根據田代等人的調查，在這個企畫中，去上烹飪教室的人對做料理一事都提升了熱情，而且也改善了營養均衡的問題，還能看到有社交性的效果

在自我控制中，重要的是「強制力」。

對覺得「無心料理」而拖拖拉拉、放棄的人來說，最是需要強制力。因此我們可以來學習東北大學的研究成果，試著去上烹飪教室。

若是在某一天某個時間要去上烹飪教室，因為有這件事要做、有約定，就無法逃避。此外，透過去上烹飪教室，也能提振「想在自己家中重現在教室學過的東西」「想給某人吃自己做的料理」這樣的心情。就這意義上來說，為了提高自己煮的頻率，去上烹飪教室是非常有效的。

18 覺得和人約碰面很麻煩，所以減少了溝通而感到寂寞

　　因著新冠肺炎的緣故，與人碰面的機會減少了，在每天生活中感到寂寞或孤獨的人增加了。在厚生勞動省的調查中也顯示，回答因為無法與家人、親戚、朋友碰面而有感受到壓力的人約有47.9％。

　　近一年來的溝通機會雖相較之前來得多了，但要像新冠肺炎之前那樣一大堆人喝過一間又一間的店、與人長時間碰面卻很難得。或許也有很多人習慣了現在的狀況而放著寂寞不管，但在科學上已得知，若就這樣心懷寂寞，會對身體與心靈都造成不良影響。

研究 1 > 幸福感薄弱

　　單純地減少了溝通的生活並不好。因為寂寞或孤獨感會大為影響到我們的健康。

　　透過與人直接碰面對話、有肌膚接觸，就會分泌出有「幸福荷爾蒙」之稱的「催產素」。這個催產素會讓人感覺到幸福，有減輕壓力的效果。也就是說，若持續沒有對話的生活，就會因為催產素分泌不足而有可能欠缺幸福感。

　　而且催產素也會促進能安定心靈的「血清素」分泌。而血清素則是睡眠荷爾蒙──褪黑激素的原料。褪黑激素對睡眠來說是不可或缺的。

亦即，若催產素不足，在精神
上及身體上都有可能會產生問題。
雖說「兔子會因寂寞而死」只是單
純的都市傳說，但若我們持續寂寞
的生活，雖不致死，卻有可能危害
健康的身體與心靈。

催產素

安定心靈的
血清素
「睡眠荷爾蒙＝褪黑激素」的原料

研究 2 › 難以生出創意

溝通減少除了會對健康有不良影響，對工作也會有不好的影響。

商務人士很重視與人之間的交談。因為有很多機會可以從主題以外
的閒聊獲得靈感。筆者我們實際上在酒會等閒聊中產生研究的靈感或工作
等是不勝枚舉的。

透過2021年9月美國微軟公司克里斯多福・楊（Christopher Young）
等人在「Nature Human Behaviour」這個學會上發表關於因為新冠肺炎而
使微軟公司6萬名員工成了完全遠距工作所造成的影響調查就會知道。

在這調查中尤其挑出了因遠距工作而起的兩個現象來討論。第一個
是直接面對面、開會、電話等同步溝通減少，而線上聊天或開會的非同步
溝通則增加了。在同步溝通中，也是有單純「無意義的對話」。可是在增
加了非同步溝通的遠距工作中，雖說有減少浪費時間的效果，但如閒聊那
樣實際含有有用資訊的對話減少了也是事實。

還有一點是，組織演變得固定化。尤其在國外，有很多企業會在容
易進行溝通的位置設置咖啡空間，在溝通渠道層面上，增加不同部門之間
偶然交談的情況，於是就容易設計出能產生共同合作的辦公室。可是若是
遠距工作，無論怎麼說，和自己部門以外的人溝通的機會都會減少。

楊等人指出，因此**產出的品質也有可能會降低**。當然，能在自家工作卻無謂地跑去公司是很沒有意義的，但若是同步溝通過減少太多，工作上的表現就會低落。

自我控制 1　置身於會想與人溝通的環境

或許有很多人會覺得，與人碰面就會有所顧慮、要事先約定，麻煩事一堆，要重啟如新冠肺炎之前那樣的溝通是很麻煩的。

可是，誠如我們看到研究項目中所顯示的，減少溝通對健康面與工作面上都有不良的影響。因此，請先試著遵循自我控制的原則，將自己所處環境，改變成是能讓人覺得「想與人溝通！」的環境。

以下要來介紹1971年史丹佛大學津巴多（Philip George Zimbardo）進行一項被稱為「史丹佛監獄」的知名研究。**津巴多認為，「人的行動比起性格更是由所處環境所決定」，所以進行了這項實驗。**

？ 人會因環境而改變行動的研究

在大學內打造逼真的監獄，而且也將看守者與犯人的衣服做得很澈底、完美，並招募100人來進行這個心理測試。同時將標準性格的21名年輕人隨機分為11名看守者、10名犯人來做實驗。

結果得知，當初成為看守者且帶著罪惡感的11人，日漸變得有攻擊性，本來預定的實驗時間是兩星期，但因他們過於強烈的暴力性，在第6天就中斷了實驗。

話雖這麼說，其實這個實驗也呈現出了各種可疑之處。

有指謫指出，「是不是不僅給了受試者看守人與囚犯的角色扮演，還誘導了扮演看守者的受試者採取暴力行動呢？」實際上，於2002年英國公共媒體BBC進行的再現實驗中，並沒有特別發生什麼事，實驗就結束了。

不過，即便津巴多的實驗中有出現誘導的行為，但「人會受到環境與他人的影響而改變行為」這個結論仍是不變的。因為這就和賦予人看守這個任務並使之置身於「看守是有攻擊性的」這樣的環境中，行為會改變是一樣的。

因此最重要的是要改變環境並想要積極地與人溝通。應該要自己去思考什麼樣的環境是能溝通的環境並以打造那樣的環境為目標。

例如在健身房中聘請私人教練訓練、參加志工活動、去教室上課，學習有興趣的事物，只要這樣就能半強迫性地與人溝通。

試著去思考自己期望能身處的環境、什麼地方能遇見讓自己成為理想模樣的人，努力讓自己置身在那樣的環境中吧。

自我控制 2　抱著東西來交談

託網路發達之福，這個時代變得不用在意通話費，不論處在世界上的何處，都能與人交談。在新冠肺炎時期，還出現了線上飲酒會等新形式的溝通。

在此推薦一個做法可以在網上或用電話溝通來緩和寂寞。

? 關於網路線上溝通的催產素研究

　　在國際電氣通信基礎技術研究所的住岡等人研究中顯示，於電話或網路線上通話時，抱著類似「抱枕」的東西說話，壓力荷爾蒙的皮質醇數值會降低，幸福荷爾蒙的催產素會增加。

　　實驗是將受試者分成以下兩組，讓他們進行15分鐘的對話，在對話開始前及結束後採集他們的血液與唾液，然後比較其中成分。

① 單純講電話的組

② 抱著東西講電話的組

　　結果，②組的催產素增加了。

　　比起單純地交談，單只是抱著某樣東西，會比一般分泌出較多的幸福荷爾蒙，能緩和寂寞，請各位務必一試。

自我控制 3　接 觸 動 物

　　另一個能緩和寂寞的自我控制法就是與動物接觸。要分泌催產素，與動物間的肌膚接觸是非常有效的。

? 關於動物與催產素的研究

　　美國密蘇里大學強森（Johnson）等人以19歲～73歲的受試者為研究對象，讓他們去觸摸狗與機器狗aibo。之後採取受試者的血液，調查血清素及催產素，結果觸摸狗時，血清素等的分泌量增加了。另一方面，摸aibo時則減少了。

根據Petfood協會的統計，2020年新養的犬隻數量比前年增加了14％，貓比前年增加了16％，因新冠肺炎，對寵物的需求大幅增長了。可是，養寵物要花錢、肩負一個生命的責任也很重大，所以棄養的案例也同樣增加了。

　　若能理解到生命的珍貴與重要性而養寵物是件美談，但若非如此，只想著「想接觸動物」的人，建議可先利用能短時間接觸動物的機構。近年來有了狗咖啡廳與貓咖啡廳，也可以試著去能與動物直接接觸的動物園。

本來決定好要去健行，
今天卻也還是無法成行

日本在2020年4月因COVID-19流行而最初宣布緊急事態時，想著「一直待在家中身體都生鏽了」而開始健走或慢跑的人增加了。

現在，大家還有持續運動的習慣嗎？說不定有許多人找了各種理由而不再健走或慢跑了。培養運動習慣能獲得的好處真的很多，一起來靠自我控制調整成能持續運動下去吧。

研究 **1** › **新冠肺炎加速了運動不足**

大家應該都有實際感受到了，因為新冠肺炎而陷入運動不足的人增加了。

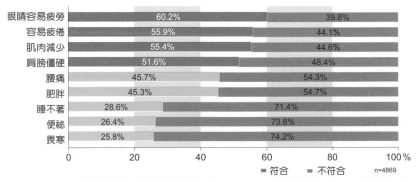

| 最近感受到關於健康 · 身體狀況上的煩惱 |

〔引自亞瑟士公司與松下電器 （Panasonic） 「關於健走的看法 · 實態調查」〕

96

左頁圖表是亞瑟士公司與松下電器針對日本全國有在進行健走的1,000名30～69歲男女做調查，詢問他們關於健康・身體狀況的問題。結果占據前幾名的回答是：第1名「眼睛容易疲勞（60.2％）」第2名「容易疲倦（55.9％）」以及第3名「肌肉減少（55.4％）」。第1～3名的內容是很顯而易見的。第1名的眼睛疲勞據推測是因為新冠肺炎，使用社群網站以及觀看影片的時間增多了。

不過問題點是，這項調查是以平常就有習慣在健走的人做調查對象。一旦減少外出，即便是習慣健走的人，也有超過半數會覺得「肌肉減少了」。

半途放棄健走的人或是沒有運動習慣的人，不禁讓人擔心會有比那更高的健康風險。

研究 **2** › **要健走就要快步走**

健走的好處不僅有各種各樣的效果，連不擅長運動的人也可以沒什麼負擔的去進行。若是對自己體力有自信的人，也可以去慢跑或游泳，在此則來談談健走的優點。

在太陽還沒下山的時間健走，就能享受到日光浴，產生「幸福荷爾蒙＝血清素」。此外，運動也會增加血清素，能有效改善憂鬱傾向，給精神面帶來良好效果。

不過，若體力有餘裕的人，希望可以去進行比健走再稍微高強度一點的運動。

血清素會因為重複進行規律的運動而增加。這不限於像是激烈舞蹈等的反覆運動，像健走或咀嚼等也可歸於其中。試著稍微加快些走路的速度吧。這麼一來，血清素會增加，成為為身體帶來剛剛好負擔的有效運動。這點已根據東京都立大學大塚等人的研究結果，獲得科學上的實證。

關於快走效果的研究

　　大塚等人使用了小白鼠來進行步行實驗。結果發現，相較小白鼠不動又或是慢慢走，快走時分泌的血清素較多。

　　如同透過這結果所得知的，結束健走後，以呼吸稍微有點急促的節奏步行為目標，比較能提高健康效果。即便是負擔比較小的健走，也極具進行的意義，但健康效果相較會減少。

呼

呼

稍微走快點

自我控制 1　改善拖延的習慣

　　雖想健走，卻難以開始。像這樣的「拖延習慣」，英文是「procrastination」，這也是很多人討論的研究主題。

　　根據紐約市立大學拉賓等人的研究，導致拖延習慣的原因可分為以下九類。

▼ 導致拖延習慣的9個原因

①衝動性：不太去深入思考就做出了或許會帶來不好結果的行為

②自我監控：介意他人怎麼看待自己

③計畫與整理

④切換行動

⑤開始主題

⑥監看主題的進展狀態

⑦情緒控制

⑧工作‧儲存器

⑨大致上算嚴謹

　　這些的制約、實行能力不夠就與拖延習慣有關。

　　一切都是出於行動習慣，所以難以找出有速效性的改善方法，但只要反過來克服這些問題，就能改善拖延習慣。只要弄清楚是①～⑨中的哪一個原因，然後消除那個原因就好。

　　此外，斯德哥爾摩大學羅森塔爾（Rosenthal）以及卡爾賓（Carlbring）對關於拖延習慣的前輩們研究成果進行了後設分析（統整既有研究，精粹出其傾向），發表了統整後的改善方法。

▼ 改善拖延習慣的方法

①給予立即能獲得的喜悅或酬賞

②減少其他行動的選項

③消除對失敗的不安

　　健走的確是無法獲得立即的喜悅或酬賞，但像是下點功夫改變每天的路程，就能享受不一樣的景色與發現，就能在沿途中獲得樂趣。

　　同時請試著預先決定好要在星期幾以及哪個時間點去健走，不要在那個時間段內排入其他預定吧。這麼一來就不會出現健走以外的選項了。

　　打造「不得不那樣做」的狀況與環境終歸才是最重要的。

⑳ 沒有力氣去泡澡

雖然也有很多喜歡泡澡的人覺得「不泡澡這件事簡直令人不敢相信」，但我也常聽到有人煩惱於「泡澡很麻煩」。

這種煩惱大致有兩種。一種是單純的「不喜歡泡澡」，另一種是因為工作很累，覺得麻煩，「沒有力氣準備泡澡」。說起來，屬於後者的人比較多，所以就讓我們來用自我控制改善吧。

研究 **1** > 泡澡以消除疲勞

首先來看一下在第1章中也介紹過的東京瓦斯都市生活研究所與千葉大學李等人所做的關於泡澡的研究（P29）。

> ### 關於泡澡與消除疲勞的研究
>
> 研究人員調查了「浴缸泡澡」「淋浴」「蒸氣浴」的效果。結果發現，要消除身體的疲勞，浴缸泡澡效果較高，而要消除精神上的疲勞則是浴缸泡澡以及蒸氣浴特別有效。

當然，在煩惱著「晚上無法泡澡」的當下，其實是有著「最好是能泡澡」這種念頭的，所以比起淋浴，能泡個熱水澡還是比較好。

尤其對很累了而想用淋浴快速洗完澡的人來說，正是為了消除疲勞，才建議泡澡。

研究 **2** ＞ 泡澡也能延長健康壽命

日常生活中所累積的傷害，就長期來看，會形成無法挽回的重大傷害。泡澡也有能避開這種風險的效果。也有公開發布了調查關於認定要受到照護與泡澡間關係的研究。

 關於泡澡與認定要受到照護的風險的調查

千葉大學的八木等人花了3年調查全日本65歲以上14000名高齡者，比較一週泡澡次數在2次以下的人以及一週泡7次以上的人，結果發現，後者在認定要接受照護的風險上，減少了約3成。

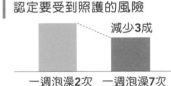

認定要受到照護的風險

減少**3成**

一週泡澡**2次**　　一週泡澡**7次**

泡澡的萬能效果還真是了不起呢。

自我控制 **1** 注意到泡澡的好處

近年來，在商務人士間大為流行的蒸氣浴也很明顯是因為有很大的好處。

一天24小時都不夠用的忙碌人士們之所以會進行蒸氣浴，很明顯的是因為能改善表現。例如每天工作10小時的人，若是進行1～2小時的蒸氣浴，比起沒有進行蒸氣浴地工作10小時，有進行蒸氣浴、只工作8～9小時的人效率會比較好。

只要想到有這樣的效果，是不是就會湧現出想要去泡澡或進行蒸氣浴的意欲呢？

晚上沒有力氣泡澡的人，有很多應該都是因為工作或家事很忙碌。或許可以想成是，為了要能高效率工作、做家事，所以要確保泡澡的時間、力氣。

受不了了！

自我控制 2　注意睡眠品質的低下

其實，泡澡也有可能會妨礙到睡眠，至少在泡完澡後就立刻上床睡覺是不太好的，理想狀態是睡前1～2小時結束泡澡。

> ？ 關於泡澡與睡眠的研究
>
> 　　美國德克薩斯大學奧斯汀分校的漢格等人，從13個「能提高睡眠品質與效率」的已有研究中抽選出部分來進行發表。據此可知，在就寢前1～2小時，以40～42.5度的熱水，最少淋浴10分鐘或是泡澡，是最有效果的。

若錯過了泡澡的時機，只要注意到會睡不好這樣的實際傷害，應該就會想著要「早點入浴」。睡眠不足會成為各種身心不適的元兇。

只要留意到會有像這樣負面的結果，行動就會改變。這點在其他研究中也獲得了證實。覺得泡澡很麻煩時，請試著想到會造成睡眠品質的低落，所以要早點入浴。

生活上的懶懶散散

㉑ 無法守時

應該有不少人經常會遲到吧。遲到這個行為會讓你的評價大幅下滑，所以希望大家一定要改正過來。可是正因為做不到，才會被人看做是「慣性遲到的人」，所以很令人困擾。能解決慣性遲到的自我控制法，究竟是怎樣的方法呢？

研究 1 › 不守時不等於個性差

再重複一遍，無法守時，尤其是社會人士，就難以獲得信賴。此外，人們對於約會遲到的人也會有不好的觀感。

不過，話雖這麼說，也不能斷言「遲到的人＝壞人」。遲到的原因大致有以下四種。

▼ 遲到的原因
①過於專注在某件事上
②時間感發展不完全
③忘記了
④不擅長回推時間

這樣看來就會明白，經常遲到的人，並不一定是個性很差的人、以自我為中心的人。當然只是「不一定是」，實際上，或許也有人的個性很差，但較多的人是雖然會慣性遲到，卻仍能誠實、尊重他人，是個性很好的人。

研究 **2** › 重 要 的 時 間 管 理

明明對約定的人心懷敬意，卻還是遲到了，這是為什麼呢？

答案就在上述四個原因之一。幾乎所有情況都是專注力發揮在約定以外的事物上，或是無法做到「時間管理」、技術性問題。能靠自己確實控制好時間的人，大部分情況下都不會在約會中遲到。

無法控管時間的人，基本上並不擅長於推進工作。若獨自完成工作，就不容易暴露出這樣的情況，但因為有「與之有約」的對象在，才暴露出沒有時間管理的技巧。

自我控制 **1** 上 健 身 房

請回想起在項目16「懶懶散散地看電視或影片」（P82）有介紹到的麥覺理大學的歐頓與陳的研究。他們特意讓運動不足的24名男女過著兩個月內不做任何事的生活，之後再讓他們去上健身房兩個月。

實驗的結果是「變得能遵守義務與約定了」。

透過「上健身房＝維持運動習慣」就能整頓身心的狀況。

不論是多麼纖細、擁有卓越技術的專家，若持續幾天幾夜的加班或睡眠不足，也無法正常發揮他們的技術吧。同樣地，一般也認為，愈是有體力、少疲勞時，就愈容易發揮時間管理的技術，愈不會遲到。

愈是忙碌、幹練地工作著的優秀研究人員與經營者，有上健身房等運動習慣的人就愈多。

要養成運動的習慣，雖會要分出時間每天上健身房或做訓練，但因著運動，就能讓自己的能力、技術穩定下來，並有高水準的發揮。而就結果來看，一流的大腦也能做出判斷，有效使用時間。對變健康、延長總體的人生時間來說也有很大的效果。

守時與運動或許很難讓人做出連結，但有些人不小心就會不守時，所以要不要就當上當受騙一次地去上個健身房試試呢？若是附設有蒸氣浴的健身房，也可以將蒸氣浴、洗澡組成一套，這樣會更能提升狀態。

自我控制 2　寫下約定，貼在牆上

若只是上健身房，這舉動對與本就喜歡運動、對體力有自信的人來說是沒什麼幫助的。此外也有人是因為經濟上的原因或時間問題而難以上健身房。

應對慣性遲到的方法不是只有上健身房一個。我們也可以透過磨練時間管理技術本身來做改善。

作為巧妙管理時間的方法之一，就是請試著利用更便利的時間表管理APP，或是選用會讓你想確認好幾次、讓人愛不釋手的筆記本。若是APP，可以使用會到煩人地步的計時器。

不過，要使用這樣的工具，首先重要的還是要對大腦灌輸這樣的意識。因為對守時的意識薄弱，約定好的事才會不禁從大腦中忘卻。要改善這點，就要增加關於時間管理的言行舉止，必須要在大腦中提升「守時」的順位。

就像只要讓肌肉疲勞就會變強，也讓大腦的神經針對某個目的，在每次思考時都增強網絡，表現就會提升。

在此推薦的方法依然很簡單，就是將「守時！」「與○○約在●月▲日X時見！」等寫在紙上，然後貼在容易看見的地方。

加州多明尼克大學馬修斯（Gail Matthews）對明確寫下目標及其效果間之關係做了研究。

 關於寫下目標的研究

馬修斯從美國、比利時、英國、印度、澳洲、日本等地匯集了各種職業的267人，分成了以下5組，讓他們設定好目標並努力達成。馬修斯讓各組決定要做什麼，而她只指示要怎麼處理目標。

① **不寫下目標**（只在腦中浮現出想法）

② **寫下目標**

③ **寫下目標與約定好的行動**

④ **寫下目標與約定好的行動寄送給朋友**

⑤ **寫下目標與約定行動的進展紀錄寄送給朋友**

如上，5組的目的達成率與①組做比較，出現了②約是1.2倍、③約1.4倍、④約1.5倍、⑤約1.8倍的驚人結果。即便只是將「守時」這個目標寫在紙上，比起什麼都不做，達成率就提升了1.2倍。

這個實驗結果具有啟發性。誠如很多研究所指出的，若用手寫的方式來學習，會比較容易記下來，「書寫」這個行為本身，能有效提高關於守時的大腦意識。而且寫下要達成目標該做的行動、與朋友共享那內容，會有更高的效果。

比起只是想著目標，寫下使之「可視化」是比較好的，同時，內容也是較為具體較好。只要有知道自己目標的人在，就會幹勁十足地想著：「一定得守時！」因為強制力會運作起來，所以會更有效。

這麼想來，似乎只要設定好「改正慣性遲到」的目標就會有效果，但若只是單純地「寫下目標」似乎還不夠。還是應該要把目標寫下，貼在顯眼的地方，讓目標常能進入到「自己的眼睛＝大腦」中。

　　其他像是喜歡看社群網站或YouTube的人，在看社群網站或影片前，只要養成習慣先看行程表APP，就一定能提高對時間的注意。不要認為是個性的問題而放棄，請留意到「慣性遲到能解決！」這麼一來，讓大腦注意到這件事本身，就會成為解決問題的第一步。

22 回過神來才發現自己坐了一整天

　　放假時玩著最喜歡的遊戲，一回神，一天就結束了……。此外，專注工作時，不一會兒時間就流逝了大半，自己就這樣一直坐著。在意健康的人，即便知道再怎麼專注也不可以保持固定姿勢不動，但是否仍覺得動來動去很麻煩，所以就這麼一直坐著呢？試著用自我控制來改善吧。

研究 1 › 久坐工作會縮短壽命

　　總之久坐就是會對身體不好，這可說是很科學性的結論。

 關於坐與健康的研究

　　根據哈佛大學李等人的研究，若坐的時間長些，罹患心臟病的風險會上升6％、糖尿病是7％、乳癌是10％，、大腸癌是10％。

坐的時間與健康風險

心臟病	糖尿病	乳癌・大腸癌
6% up	7% up	10% up

　　此外，雪梨大學提奧等人比較了一天坐不到4小時的成人，以及一天坐8～11小時的成人，公布了後者的死亡風險增加了15％，坐超過11小時的人，死亡風險增加了40％。

坐的時間與死亡風險

1天坐著的時間	不到4小時 （基準）	8～11 小時	11小時 以上

死亡風險 15% up

死亡風險 40% up

研究 **2** > 坐 著 時 難 以 運 動

　　要站還是要坐？這是與我們生活密切相關的問題，而不論是坐是站都不會特別對健康有什麼影響的實驗結果也確實有很多。

　　不過有一點確定的是，儘管近來有讓腳踩在踏板上以晃動肌肉的電動器具，基本上，「坐著是無法運動的」。例如蘇格蘭的格拉斯哥加里東大學（Glasgow Caledonian University）雀絲坦等人就指出，比起坐的時間長短，活動更重要。

？ 輕 微 運 動 與 健 康 的 研 究

　　這是對中高年齡層約8,000人所進行的調查。在平時坐著的時間中，若能抽出30分鐘進行像是散步等輕微的運動，早期死亡的風險就會下降17％，若提升了運動的負荷量，風險最大會下降35％。

輕微運動與早期死亡風險

30分鐘的 散步	比散步負荷稍微 提升些的運動30分鐘
死亡風險 17% down	死亡風險 35% down

雖然坐對健康的不良影響尚不明確，但若坐的時間愈是增加，活動的時間絕對會是減少的。至於運動的重要性，則如此前多次提過的那樣。

此外，若坐姿不良，還有可能罹患經濟艙症候群，因為遠距工作無法使用到公司的商務座椅而導致腰痛或肩膀僵硬的情況增加了也是事實。

自我控制 **1**

設定 30 分鐘的計時器，站起來動一動

這裡建議可以利用在研究2中介紹過格拉斯哥加里東大學雀絲坦等人所想出來的，持續坐著的時間以30分鐘為單位。可以設定計時器30分鐘通知一次，養成習慣站起來動一動。

想繼續工作時，就不用勉強中斷。單是立刻站起來然後又坐下去就夠了。

若一直保持同樣的姿勢，肌肉會僵硬，血液循環也會不好，總之，不要持續同一姿勢。

自我控制 **2**

用站立式辦公桌工作

若是強制性改變環境的方法，則建議可以使用站立式辦公桌。因為本就是站立狀態，就能避免掉持續久坐的風險。

加州大學洛杉磯分校芬奇等人進行了關於站立式辦公桌的研究。

? 關於使用站立式辦公桌的研究

研究調查了96人平均使用30分鐘左右站立式辦公桌的效果。

結果對文章的理解力或創造性的表現沒有影響，也不會感覺到

任務很吃力。反而比起坐著時會以更關心、熱情，以及付出注意力的態度來看待任務。

只要養成習慣，決定好時間，偶爾使用站立式辦公桌，就能提升工作表現。

站著　　　坐著

自我控制 **3**

坐姿良好

有很多研究都表明，工作時不論是坐是站都沒有差異。但實際上，若是長時間站著並專注心力，就會變得一直保持相同姿勢，如此也會提高健康上的風險。

不過，也是有人在家中坐在沙發上玩遊戲時，會拱起背部。因此，在家工作或玩遊戲時，坐姿如何也是很重要的。不用說，理想姿勢是伸直背脊。也有研究指出，單只是拱起背部就會對精神衛生造成不良影響。

？ 關於姿勢與傷害的研究

根據加拿大卡爾加里大學（University of Calgary）的利斯卡印地亞與德州農工大學（Texas A&M University）的高蒂等人的研究指出，拱起背部的受試者們，會有無力感或感受到壓力增加了。

在西班牙馬德里自治大學（Universidad Autónoma de Madrid）布里尼奧勒等人的研究中則指出，伸直背脊的受試者們，有著對自己正向評價較多、對自己的想法有自信、對將來也能正向思考的傾向。

姿勢比我們想像中要來得更為影響精神衛生呢。希望大家平時就能注意到這點。

23 房間很亂

「房間總是很亂⋯⋯！」這麼說的人中，應該有很多人都是待在家的時間增多了，就更不會去收拾房間了。

根據美國喬治亞理工學院（Georgia Institute of Technology）舒馬等人指出，收拾是要具備以下3種代表多樣性能力的作業。

① 移動物品的身體能力

② 掌握收拾物品與空間的知覺能力

③ 決斷、注意、記憶等的認知能力

是極度會用到「大腦」的作業，所以怪不得有不少人不擅長。

研究 1 ﹥「無法收拾的人」的 3 種類型

房間之所以變得「髒亂」的人，原因可分為以下3種類型。

▼ 無法收拾的**3種類型**

①將「收拾」這項任務延後

想到有其他要做的事，不禁就降低了收拾的優先順序，將之延後的類型。

②被其他事物吸引走注意力，忘記了

類似於①的延後，但是因為專注力散漫，或是反過來，過於將專注力發揮在要收拾物品以外的地方，忘了要收拾這件事本身的人。

③無法斷捨離

堆積物品、丟不掉的人。同時也是不擅長收納，房間中立刻就滿是東西的類型。

研究 **2** › **ＡＤＨＤ性格的人不擅長收拾**

佛羅里達州立大學（Florida State University）的科夫勒（Michael Kofler）等人有一項關於ADHD（欠缺注意力、多動症）的人與收拾作業的調查結果。

關於ＡＤＨＤ性格與收拾的研究

有報告指出，收拾與工作記憶有很深刻的關係，有ADHD的人因為工作記憶的功能沒那麼好，所以不擅長收拾。

ADHD性格的人或是有拖延的習慣，或是因為多動而注意力散漫，或是因為無法順利決定好家事等的優先順序，導致形成上述無法收拾的原因，有這些特徵的人並不少。因為本質上不能很好地利用工作記憶的功能，就有可能不擅長於收拾。

自我控制 1 **把收拾想成是「很有趣！」的**

在美國帝博大學（DePaul University）費拉里（Joseph Ferrari）等人的研究中指出，有拖延慣性的人是不擅長於收拾的類型。

拖延慣性與收拾的研究

在費拉里與黛依絲等人的實驗中，給了約50名男女遊戲、拼圖、數學等的課題，然後在進行前設定了練習時間。結果發現，有拖延傾向的人不會去練習數學的課題。

雖然他們會練習有趣的遊戲及拼圖，但卻認為看起來很難的數學只要當課題做就好，澈底地拖延了這件事。

　　可是若將同樣的課題告訴他們是「有趣的課題」，單是這樣，練習數學的人就增多了。

　　大腦是非常複雜的，其幾乎都還是個讓人不了解的黑箱，但神奇的是也有單純之處，單只是有人告訴大腦「有趣」，它就會那樣覺得。還真有點可愛呢。

　　因此，要不要先試著去想想看「收拾很有趣！」呢？

　　同時建議可以去買自己喜歡的打掃‧收拾工具，打造能更開心、積極去收拾的環境。

　　其他還有研究指出，像是有拖延慣性的人，將目標及酬賞切割得小些會比較容易行動。

　　來活用這研究吧。別去想著「要一口氣把髒亂的房間收拾乾淨」，而是想著「今天只要先收拾這塊角落，完成後就喝酒獎賞自己！」像這樣從難度較低的目標開始。因著容易達成的作業，就能讓大腦的酬賞系統運作，打開幹勁開關。

　　透過給自己酬賞並重複體驗微小的成功，就能讓大腦覺得「收拾也挺不賴的」。

總之就是訂定「不堆積」的規則

　　無法專注收拾的類型或是容易堆積物品的人，若能把收拾設定成是「應該要做的例行公事」就會很方便。

　　這雖不是項簡單的任務，但像是ADHD或ASD（自閉症類群障礙）等人，會有對決定好的事情強烈堅持下去的傾向。因此，只要能將不禁就會往後延的討厭事項設定成是例行公事，就有可能順利轉變成可以一口氣收拾完。

　　在此想要推薦給大家的是在項目⑫「漫不經心的失誤多到連自己都討厭」（第62頁）也介紹過的「若則計畫法」。預先決定好「若是（if）發生了○○，屆時就（than）做XX」這樣的規則。

　　若則計畫法能專注在行動上，不會去想些多餘的事，對注意力會四散而無法收拾的人來說很有效。

　　尤其很適合用來防止堆積物品。

　　只要決定好「要是裝不進這架子了，就一定要丟掉某些東西」這樣的規則，就能防止堆積物品或丟不掉東西的情況。

　　因為有很多人無法收拾的原因都不止一個，所以結合自我控制1跟2，開心且積極地採取若則計畫法是最好的。

同一件事就是記不住，要學好幾次

因人而異，學習方法各有不同。明明很認真地坐在書桌前唸書了，但就是感覺效率很差……像這樣的人是否很多呢？

全人類所擁有的時間都是平等的，都是一天只有24小時。如果可以，大家都想要提升效率來學習。

研究 **1** ﹥ **愈 是 給 予 強 烈 的 刺 激 愈 容 易 記 憶**

應該有很多人都有實際感受到，學習時，比起單只是看著參考書，出聲唸出來或是用手寫在紙上會比較容易記住。事實就是這樣，這點也經過了科學上的實際驗證。

> ## ？ 關於學習時記憶的研究
>
> 根據福岡教育大學森學者的研究結果指出，只要給予較強的刺激——大聲朗讀，就比較容易留下記憶。此外，美國普林斯頓大學（Princeton University）的繆勒（Pam Mueller）與加州大學洛杉磯分校的丹尼爾・奧本海默（Daniel Oppenheimer）公布了一項研究結果是，若進行了「書寫」這個行動，會更能記住。
>
> 這就和比起只學習一次，複習會比較能記住是一樣的道理。

研究 **2** > ## 大腦的狀況也很重要

只要認真看學習用書，在筆記本上多寫幾次，就有能告知大腦「這是很重要的重點喔！」的效果。可是，若接受的大腦狀況很差，效率就會降低。

誠如前述說過的，只要持續做同一件事，大腦會疲憊，專注力就會降低。想著「自己記性不好，所以得要長時間學習」而努力坐在書桌前的人，大腦總是處於疲憊狀態，就有可能難以牢記學習的內容。

根據紐西蘭坎特伯雷大學赫爾頓與羅素等人關於專注力的研究（第21頁）可以得知，定期的休息或進行其他作業，會比持續進行同一作業有更好的表現。

自我控制 **1**

以要教導他人的心態去學習

要將所學內容確實記在腦中，推薦可以使用讓大腦覺得「這部分很重要，一定要記住」的學習法。之前舉了很多方法，像是大聲讀出來、用手寫、複習等。在此要介紹一個和前述那些方法不一樣的自我控制。這是出自聖路易華盛頓大學涅斯特依柯等人的研究。

 ? 關於學習的研究

涅斯特依柯等人將56名大學生分成如下3組。

① 以之後要教其他人為前提的組別

② 以之後要接受測驗為前提的組別

③ 沒有任何前提的組別

讓所有大學生閱讀某篇文章，之後讓他們做一些無關緊要的事，再對他們進行關於那篇文章的自由記述與簡答式兩種測驗。

結果，在自由記述與簡答式兩者中，都是以①組的成績為最好。

例如在學生時代，上課時因為老師有告訴我們：「這裡會考喔！」就有很多人會記住學習的內容。就像這樣，若要讓大腦意識到學習內容的效果，②組就已經很夠了，但①組則會更為提升。

在這實驗中，實際上並不會真的去教人後再進行測驗，單只是「想要」去教人而學習，學習的效率就會提升。

不須要特別去準備些什麼，只要想著「要去教人」就夠，所以請務必試試看。

自我控制 **2** ## 與同伴一起學習

應該很多人都會在考試前和其他人聚在一起唸書吧。

其實從學習效率方面來看，這也是很推薦的方式。實際上也有科學實驗證實，這樣做能提升學習效果。

？ 關於和其他人一起學習的效果的研究

根據聖路易華盛頓大學索耶（Sawyer）與伯頓（Burton）觀察團隊合作時機的研究指出，與他人一起討論並學習時，學習成效較好。

討論時，原本是落在筆記本上的視線會往上抬，以自己的語言重整學到的內容，所以能獲得更深刻的理解。向人說明時，必須要把自己所學的內容講得讓周遭人容易理解，所以學習內容會更為穩固。

也就是說，第4題是在問相對論……

若只是單純地和某人一起學習，將無法獲得效果，所以可以空出時間來向彼此說明學習的內容。在要接受同一考試的同伴間進行測試，效果會更明顯。

學習前散步 10 分鐘

再重複一次，即便是以要教人為前提來學習，大腦若筋疲力盡，能牢記的比例就會大幅下降。

因此，下一節重點是氧氣與糖分。要提升大腦狀況，這兩者都是必須的。

氧氣與葡萄糖對身體來說是必要的，光是大腦就會消耗掉約25％的氧氣、18％的葡萄糖。雖然確實攝取這兩者很重要，但人不呼吸就活不下去，所以就算不特別注意也會確實吸入氧氣。至於糖分，有很多人都有吃零食的習慣，或許反而會攝取過多了。要注意不要變成糖尿病或糖尿病的預備軍。

那麼，到底要留意些什麼呢？

我們要注意的是讓血流順暢，讓氧氣與營養素在大腦中發揮效用。 在此就須要輕微的「運動」。

 關於運動與記憶的研究

伊利諾大學薩拉斯等人將受試者分成以下兩組。

① 散步10分鐘的組別

② 坐著10分鐘看風景照片的組別

①跟②兩組在進行完各自的行動後，讓他們記憶一些名詞，然後再讓他們做10分鐘相同的運動後進行測驗。結果，①組比②組的成績好了25％。

順帶一提，雖說是運動，但不須要進行肌力訓練等會勉強到自己身體的運動。雖然激烈運動會增加大腦血流量是事實，但是在關於以肌肉訓練等為代表的激烈無氧運動與學習的研究中指出，這樣做雖會帶來好效果，卻也會帶來不好的結果，而目前，這些都尚在研究中。

　　作為大前提，若運動過頭而導致疲累，學習效率也會低下。請試著在學習前進行約10分鐘負擔較少的有氧運動，像是散步、腳踏昇降台，或稍微的跳下繩吧。

25 戒不掉喝悶酒或飲酒過量

　　不知道各位是否不斷做著以下這件事？與氣性相投的朋友一起喝酒時，不禁就會一杯接一杯，然後在回家的電車上或隔天早上反省著：「我怎麼會喝這麼多呢？」此外，或許也有人是因為新冠肺炎，在家的時間增多了，喝酒量也就增多了。留心表現得像個成熟的大人，要適量飲酒，就靠自我控制吧。

研究 1 › 酒不是「百藥之長」

　　有句話是「酒是百藥之長」，在過去，適量或少量飲酒對身體有好處。但是如今，以科學的立場來說則對身體沒有好處。

　　尤其是會損壞大腦的問題。維生素B1不足會引起魏尼凱氏腦病變 (Wernicke encephalopathy)，而這會導致發生高沙可夫症候群（Korsakoff's syndrome）這種失智症，據說這有很高的可能性與大量飲酒、酒精上癮症有關。因為酒，也有可能造成再也無法治好的記憶損害。

研究 2 › 喝悶酒是百害而無一利

　　頻繁喝悶酒的人尤其要注意。若只是「想以『喝悶酒』的名義喝酒」還好，但若是想靠飲酒來忘卻煩心事，則是不推薦。

之所以這麼說，是因為有研究表明，**喝悶酒不僅沒有意義，反而有反效果**。

❓ 喝悶酒的研究

　　東京大學的野村與松木電擊老鼠，並觀察牠們之後的模樣。結果發現，電擊後，被注射酒精的老鼠比受電擊前更驚恐、更膽小。

　　這個研究雖以老鼠為對象，但前提是人也會有同樣的表現。

　　喝悶酒會讓人以為能忘卻煩心事。但實際上，有很多人都是飲酒過量而倒下睡著。可是即便這樣睡著了，煩心事也並不會消失。睡醒後，在接續的人生中，只會更強烈地留下煩心的印象。

　　根據美國國家衛生院福爾摩斯（Holmes）的研究結果指出，若喝酒成了習慣，消除討厭記憶的能力就會下降。

　　因此，若非只是想喝，就要在心底停止因為想忘卻煩心事而喝酒的行為。

對於「雖然可以靠自己在某種程度上控制飲酒量，但還是希望能少喝點」的人，建議可以「記錄喝酒」。

這機制就和透過記錄每天吃的東西，將之可視化來管理飲食的「紀錄減肥法」一樣。

我們可以利用「飲酒紀錄APP」記錄每天飲酒量。

其中尤其推薦的APP是有「喝超過一定量的酒時就會發出警報」這種功能的。以下介紹倫敦大學克蘭（Crane）等人針對飲酒警報與減酒效果研究的論文。

飲酒與注意警報的研究

研究人員進行了以下的實驗：讓受測者使用記錄APP，只要男性喝4杯酒、女性喝3杯酒後就會出現提醒警報。然後將他們分成以下3組，結果①組是最有抑制喝酒效果的。

① 出現警報的組別
② 沒有出現警報的組別
③ 以顯示酒精有害來取代警報的組別

此外，像③組那樣，讓受測者知道酒精壞處也能有效抑制喝酒。

因此，或許閱讀本書本身也稍微有點減酒效果，是能自我控制的。

喝 1 公升 的 水

　　有一個經過實驗證實的減酒法，若想喝酒時，就立刻大口喝水。的確，若是喝了大量的水，肚子會很脹，飲酒量就會減少，這是有醫學上根據的。

關 於 喝 水 與 減 酒 效 果 的 研 究

　　海德堡大學庫普曼（Koopman）等人進行了一項研究，將23名酒精上癮症的男性分成以下兩組。

① 花10分鐘喝1公升水的組別

② 不喝水的組別

　　之後調查他們120分鐘間的飲酒量，結果發現，會引起喝酒欲求的荷爾蒙乙醯基顯著減少了，與②組相較，①組的飲酒量減少了。

　　若想減少酒量的人，請務必試試這個輕鬆的方法。

生活上的懶懶散散

㉖ 戒不掉玩遊戲

　　2021年8月30日，中國發布了一個規定，未成年者只能在星期五、星期六、星期日、放假的晚上8點～9點玩所有的線上遊戲，也就是說，一星期只能玩3小時。而同年的9月2日，從中國的EC網站「京東（JD.com）」到任天堂的「集合啦！動物森友會」等販售都被禁止，在日本也成為了一大話題。

　　雖然這規則似乎過於強烈了，但明明有該做的事卻沉迷遊戲，為了不要什麼都沒做而後悔，希望大家可以採用這個自我控制。

研究 1 › 長時間玩遊戲會使成績低落

　　首先，玩遊戲時間過長是不好的。

　　日本文部科學省[註1]委託靜岡大學村山等人進行了一項研究，主在談討讀書習慣與學力間的關係。經調查回答了「平成21年度[註2]全國學力・學習狀況調查」這個問卷1,144,548名小學生及1,072,481名國中生的資料後，獲得了讀書有提升學力效果的結果。

　　可是，本以為有讀書習慣的學生能好好學習，但一看讀書時間的資料卻發現，結果並非是讀書時間愈長，成績就愈好。

　　因為若一個勁兒地在「看書」，就沒有學習的時間。

---

*註1：文部科學省，日本政府機構，負責統籌教育、科學、學術、文化與體育等事務。
*註2：平成21年，西元2009年。

看書時間長成績會低落的原因不是在於「看書是個壞習慣」，而單純只是因為「雖（想提升學力）看書，但過長時間埋頭其中」，才對成績有不良影響。

　　即便是想提升學力而看書，若長時間閱讀，成績就會低落，所以若也是長時間玩遊戲，不難想像，結果對學力不會有什麼好影響。

研究 2 › 玩遊戲的時間短就能提升成績？

　　對玩遊戲採否定立場的人，或許會認為：「雖並非讀書這件事本身降低了學力，但玩遊戲這件事本身呢，會帶來不良影響吧？」

　　然而，玩遊戲不是只會帶來不良影響。下述的調查結果可以供各位參考。

？ 關於玩遊戲與成績的調查

　　　　慶應義塾大學田中等人調查了15,000人，他們平日玩遊戲的時間是平均1小時。而結果發現，玩不滿1小時的人，在升學上的實際成績都很好。像這樣的研究結果，在國外也所在多有。

　　以下我試著舉出幾個事項，以作為能讓人覺得玩遊戲不會對學習有不良影響的理由。

　　例如若一直在學習，效率會變不好，但若中間空檔玩遊戲以轉換心情，就能重振精神。

　　此外，每天結束學習或工作後，有很多人都會在睡前玩遊戲來當作給自己的獎勵吧。像這樣的習慣，就有可能在不知不覺間讓玩遊戲具備一種功能，亦即成為給學習或工作的酬賞。

　　而不管其對學習的效果是否與看書一樣好，但基本的大前提是不應該對玩遊戲持否定態度。

既有能讓人沉浸在如電影般感動的故事型遊戲，也有遊戲是故事性薄弱，只使用手指刺激大腦的。益智遊戲會刺激手指、眼睛與大腦，也有很多研究結果顯示，能有效防止高齡人士大腦功能的衰退。

不論是玩遊戲還是看書，都不過是「藥吃多了就成毒」。不過，我們最好還是知道一下，為什麼有人會認為遍布全世界、擄獲了這麼多人心的遊戲是不好的。

自我控制 1

打造與家人相處的時間

雖說是在懶懶散散地玩遊戲，但要完全戒掉遊戲或許是很極端的。或許也有父母是會沒收孩子的遊戲機或手機，但也有例子是，孩子因失去了最喜歡玩的遊戲，也喪失了學習的動機。因此以下要來從讓人意外的方向介紹成功減少玩遊戲時間的研究成果。

減少玩遊戲時間的研究

韓國中央大學的韓等人研究，只要擁有和家人相處的時間，就能改善玩遊戲上癮的體質。研究人員獲得受測者家人的幫助，讓受測者在3個星期間都有與人家相處的時間，之後就能看到他們花費在玩遊戲的時間上有顯著的改善。

感受到愛以及因玩遊戲而滿足的大腦活動部位很類似。所以大腦想玩遊戲的心情，會因為與家人間相處的時間而獲得滿足。

在韓等人的實驗中，雖有獲得受測者家人的幫助，但若是自己主動積極地與家人建立關係，就原理上來說，也能獲得同樣的效果。只要留心到，想玩遊戲時，就去和家人溝通就好。

例如可以試著說說今天發生的事、一起做家事，或是一起出門。當然也希望大家可以告訴家人們，為了縮減自己玩遊戲的時間，請他們提供幫助。

決 定 好 玩 遊 戲 的 規 則

要靠自己適度地結束玩遊戲的時間，可以使用項目⑫「漫不經心的失誤多到連自己都討厭」中介紹到的若則計畫法。

請規定好像是「不論多好玩，到了半夜一點就要準備睡覺」「看完參考書的一個條目後，就玩30分鐘的遊戲」這樣「則＝then」的條件內容，讓自己不會長時間地玩遊戲。

只要像這樣決定並實踐規則，遊戲就不會變成毒，而能成為讓人生快樂的藥。

第 **3** 章

身體上的
懶懶散散

運動量減少了，飲食量卻不變！

　　隨著私生活與工作上的忙碌，運動就變得麻煩了起來，有很多人都煩惱自己變胖了吧。此外，因為新冠肺炎，待在家的時間變多了，也有人的運動量因而減少。

　　若單純來想，攝取的熱量減去消耗的熱量就決定了體重，所以運動量減少時，若飲食量不變就會發胖。不動時，要怎麼做才能控制食慾呢？

研究 **1** > ## 工作與生活都忙碌的年代，運動量就減少了

　　根據厚生勞動省公布的令和元年（2019年）「國民健康・營養調報告」指出，不同年代的運動習慣有無如右頁圖表所示。

　　隨著20-29歲、30-39歲、40-49歲年歲的增長，有運動習慣（一次運動超過30分鐘，每週運動2次，總計超過1年）的人比例減少了。

　　能很明顯看出，處在忙碌於工作、家事、育兒一輩的人，是難以擁有運動習慣的。雖然從50-59歲後比例轉為上升，但據推測，這除了是因為能使用在工作以外的時間增多了，還有一個迫不得已的背景是，上了年紀後，若沒有運動習慣，就難以保持健康。

在關於一星期運動天數的提問中，回答「沒運動」的人的比例（20-29歲：52.7％、30-39歲：58.9％、40-49歲：60.3％、50-59歲：56.0％、60-69歲：47.7％）也有同樣的變化，這也顯示了這項推測是正確的。

| 不同年代運動習慣的有無

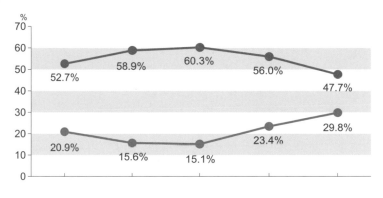

〔引自日本厚生勞動省・令和元年（2019年）「國民健康・營養調查報告」〕

研究 **2** > # 因為新冠肺炎而減少運動量，就有會變胖的傾向

第一生命經濟研究所對全日本滿18～79歲約20,000名男女實施了「第11屆關於生活規劃的調查」，從中可看出，「停止・中斷」運動・體育活動的人有24％，「新展開」的人有13％。也就是說，運動量減少的人比較多。

而且在2021年8月，明治安田生命針對新冠肺炎的健康問題，以全日本20～70多歲5,640名男女為對象進行了問卷調查，其中，4人中有1人，亦即25％回答「體重增加了」。雖然也能想成可能也有人的發胖與新冠肺炎無關，但這數字還是很驚人。

可是，雖說是運動量減少而胖了，但不建議明明空腹了卻還忍耐不吃東西。一旦空腹，與催產素並例、被稱為幸福荷爾蒙的血清素就會減少。而且血糖值會降低，容易感到煩躁。

血糖值低落與煩躁的研究

芝加哥洛約拉大學（Loyola University Chicago）潘可菲（Penckofer）針對糖尿病患做了實驗。若無法控制血糖值，低血糖時就會感到不安與憤怒，同時明顯會發生QQL（Quality of Life：生活品質）的低下。

血清素一旦減少，罹患憂鬱症與失眠的危險性也會增高，所以平時本來就容易累積壓力的商務人士若是勉強忍耐食慾並不好。

我們應該要減弱食慾。只要抑制食慾，就不須要面臨忍耐的窘境。雖然道理都懂，但做到很難，不過其實我們能用一個簡單的舉動應對。

自我控制 1

輕彈額頭

以下要介紹紐約市聖路加醫院威爾等人針對控制食慾的研究。

控制食慾的研究

讓有肥胖傾向的受試者做出以下4種舉動。

① 用手指彈自己的額頭30秒X4次

② 用手指彈耳朵30秒X4次

③ 用指尖咚咚地敲地板30秒X4次

④ 看著空白的牆壁30秒X4次

結果不論哪種舉動都有抑制食慾的效果。甚至發表了一項驚人的結果，那就是①的「彈額頭」特別有效，能將食慾從一半減至約1/3。

若單用這麼簡單的舉動就能抑制食慾，就沒有不去做的理由了。**做這些舉動之所以會出現效果，是因為有將大腦注意力從空腹轉移到這些舉動的效果。**

彈額頭之所以最有效，一般認為是因為那個舉動在不會傷害到細胞與肌膚的範圍內，最能給予自己的大腦與身體刺激。

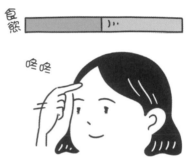

順帶一提，習慣一天吃一次餐的人，在白天不會特別因空腹而感到痛苦。那也是因為白天要投入到工作中，意識會放在空腹除外的事情上吧。只要找到能專注投入心力的興趣，或許就容易忘記空腹了。

自我控制 2

快走 20 分鐘

只要補足減少的運動量即可。這可以說是很簡單又最有效的做法。只要閱讀本書其他項目，應該就會知道運動的重要性了。

控制食慾的研究

格拉斯哥大學揩弗里烏等人以10名肥胖女性為對象進行了實驗，結果發現，快走20分鐘能抑制食慾。

　　若認為藉由運動能有效抑制食慾而不會讓人因肚子餓就大吃特吃，就會更加覺得運動才是正義。

　　要增加運動，而非減少飲食。盡可能用這樣的想法來控制食慾與體重吧。

28 戒不掉垃圾食品

　　雖然很在意體重與健康，卻非常喜歡所謂的「垃圾食物」而戒不掉的人應該有不少。雖常說著：「我都知道，但就是戒不掉！」身體卻無輪如何都會渴求垃圾食物的味道呢。

　　在本項目中就要告訴大家在這時候可以活用的自我控制法。

研究 **1** > **脂肪與糖分很美味**

　　麥當勞等速食或洋芋片、巧克力等零食無法斷言說是對身體有益的食物，這是事實。而這些食物就是會好吃到讓人不禁伸手去拿來吃呢。

　　從日本麥當勞於2021年2月9日發布的截止於2020年12月31日的年度決算中可發現，其營業額為2,883億3,200萬日幣，比前年同期增加2.3％，營業利潤為312億9,000萬日幣，較前年增加了11.7％，提升了亮眼的業績。

　　脂肪與糖分很好吃，對身體越糟越有吸引力。

　　若以演化心理學的觀點來思考，這是比蔬菜等更難以獲得的美味，在以前的環境中不是能吃到很多。可是隨著時代的進步、文明的發達，我們能很簡單地就獲得含多量脂肪與糖分的美食。因此不禁就會吃得過多。

當然，脂肪與糖分對人類來說也是必須的營養素，但即便是刻意吃得粗茶淡飯，在日常也能攝取到足夠的量。因此，若是吃過多垃圾食物，就會過度攝取脂肪與糖分。

研究 **2** > ## 正是因為處在非常時期才要渴求日常？

因為新冠肺炎，有機食品及健康食品的銷量才會激增，同時，餅乾以及含鹽量多的點心零食銷量也急速增多。

然而這樣的現象並非是矛盾的。愛荷華大學葛洛尼（Galoni）等人以下述的研究為基礎做出了分析，並在美國的法學雜誌《哈佛法學評論》（*Harvard Law Review*）發布了文章。

❓ 不安時會選擇常見事物的研究

根據葛洛泥等人的研究，面對不安與討厭的感覺時，人會傾向於把目光投向習慣、親近的選項。正因為是新冠肺炎這個非常時期，才會想要回歸以往的日常生活、進行和平常一致的行動。

也就是說，即便想減少垃圾食物的量，平常就在吃垃圾食物的人仍一樣會渴求購買垃圾食物。

自我控制 **1** 嚼口香糖

不論是充滿熱量的漢堡、滴油的炸雞，還是滿是糖分的零食，想吃這些東西的心情根源都是食慾。

雖然不餓，但或許也有情況是大腦在渴求糖分。不過基本上來說，

只要抑制食慾本身，在某種程度上就能忍耐不吃不健康的食物。

為了控制食慾，首先希望大家嘗試的就是嚼口香糖。以下介紹關於這效果的科學上研究結果。

控制食慾的研究

路易斯安那州立大學蓋賽爾曼（Geiselman）等人做了一個研究，得出的結果是，3小時內嚼15分鐘口香糖一次，就能抑制食慾。

不僅能緩和空腹感，還有提升專注力的效果。而且只要把口香糖放入口中，就不太會想吃東西了。

此外去做前項「運動量減少了，飲食量卻不變！」（第130頁）中介紹到的彈額頭或運動，也能有效抑制食慾。

自我控制 2　記錄飲食

在項目㉕「戒不掉喝悶酒或飲酒過量」（第121頁）中介紹了透過記錄飲酒就能抑制飲酒量的研究。有研究結果顯示，這個方法對減少吃垃圾食物也有效。

關於記錄飲食的研究

黎巴嫩美國大學（Lebanese American University）多米等人做了一項研究，即調查以手機攝影記錄飲食的影響。

對此，他們在三天內拍攝了每餐的照片並以APP記錄，得出的結果是，比起肉，吃蔬菜的分量增多了。比起用文字記錄的一般記錄減肥法，攝取的熱量有稍微減少一點的傾向。

從這點可以推測出，就如同先前在項目㉕中敘述過飲酒時設定警報那樣，若能設定注意「吃過多垃圾食物會增加脂肪」的警報，會更有效。

此外，若向不特定多數人上傳照片，就會刺激到「別人不知道會怎麼看待自己」的意識，有望獲得想自我控制的感覺。

好好睡覺

加州大學洛杉磯分校莫蒂瓦拉（Motivala）等人的研究指明，若有睡眠負債，就會想要吃不健康的飲食。

 關於睡眠與飲食的研究

若睡眠不足，促進成長荷爾蒙分泌、有著能增進食慾功能的飢餓素這個物質，與有關抑制食慾的瘦素這個物質的平衡就會崩壞。因此就會有衝動想吃對自己身體不好的食物。

如在研究1中說明過的，不健康的飲食在以前都是些擁有豐富貴重脂質與糖分營養素的食物。因為可以迅速將脂質與糖分等營養素吸收進體內，人們就容易渴求這些東西。

嗅聞餅乾的香味

　　南佛羅里達大學比斯瓦斯（Biswas）與路易斯安那州立大學宙克斯（Zox）的研究也有助於抑制對垃圾食物的欲求。

選擇健康飲食的研究

　　有研究結果指出，只要聞餅乾一類垃圾食物的香氣約兩分鐘，就會想要選擇健康的飲食。這是因為透過嗅聞食物的香氣，能提升大腦內的滿足感。

　　誠如之前說明過好幾次的，愈是不健康的食物，人愈容易想吃。用香味來滿足對不健康食物的欲求後，就會湧現出想吃健康飲食的感覺。

29 晚上難以入睡

難以入睡時，若焦躁地想著「睡不著！」或「得早睡才行！」反而更難睡著。

入睡時，自律神經必須從興奮的交感神經處於優位狀態，轉換成是副交感神經優位以放輕鬆。可是，一旦想著「一定要睡著！」大腦就會覺醒，促動交感神經，遠離安眠，所以就讓我們來用自我控制進行改善吧。

研究 1 > 約 7 成的日本人都對睡眠不滿

「想睡覺卻難以入睡……」。應該有人曾有過這樣的經驗吧。

睡眠障礙是很嚴重的問題，根據2019年「國民健康・營養調查報告」指出，以5,702名對象進行的調查中，「睡眠時間不夠」的有18.6％，「對睡眠整體品質不滿足」的有21.8％，「白天覺得想睡」的上升到了34.8％。包含其他各種項目在內，針對這些問題，回答「沒有上述困擾」的人有30.9％。也就是說，約有7成的人都對睡眠抱有某些不滿的問題。

研究 2 > 藍光是睡眠的大敵

因為難以入睡，就不禁看起了社群網站……。這是很常有的情況，而且愈是心懷不安的人，愈會在社群網站上查看新聞。

如在項目⑮中「休假日時整天都在看社群網站」（第74頁）也敘述過的，從電腦或手機螢幕流洩出來的藍光是睡眠的大敵。

在太陽光中也含有藍光，是種強烈的光線。白天曬太陽時，會抑制引致睡眠的「睡眠荷爾蒙」＝褪黑素分泌，能在白天以清醒的狀態活動。

不過大腦很單純，若照射到藍光，即便是夜晚，也會抑制褪黑素的分泌。結果，明明是該入睡的時間帶了，卻搞錯是在做日光浴，變得和白天一樣清醒。

就像這樣，不僅是社群網站，若愈是在床上盯著手機螢幕看就愈會變得精神抖擻難以入睡。

自我控制 1　心懷感謝

英國曼徹斯特大學（The University of Manchester）伍德（Wood）等人以18～68歲401名男女為對象，進行了關於心懷感謝、睡眠及性格的調查。

❓ 關於睡眠與心懷感謝的研究

讓受試者回顧自己的人生。

· 感謝許多人
· 人生中有很多值得感謝的事
· 人生中不怎麼有值得感謝的事

針對這些提問，從「大為認同」到「完全不認同」，分為7階段做出評價。同時聆聽受試者們關於睡眠品質、時間、入睡所花時間、睡眠深度、白天活動等，調查睡眠與心懷感謝之間的關係。

調查的結果表明，愈是心懷感謝的人，對睡眠的品質、睡眠的深度、入睡所花時間愈是有良好影響。

在這項調查中，為了調查與性格間的關連，所以也進行了性格分析，但卻沒有看出與性格間關連的差異。也就是說，**不論是怎樣的性格，只要確實心懷感恩，就會有或獲得好品質睡眠的結果。**

自我控制 2 　伸 展 10 分 鐘

任何人都能簡單做到的伸展，也經證實能有助提升睡眠品質。

睡 眠 與 伸 展 的 研 究

明治安田厚生事業團體力醫學研究所柳澤等人進行了一項研究，即讓受試者在10分鐘內做能做到的低強度伸展。

結果得知，因為進行了伸展，使得有放鬆效果的副交感神經變成了優位。如研究1中所說的，入睡時讓副交感神經處於優位很重要。

亦即，透過伸展，可以獲得提升睡眠品質的結果。

若是伸展，在房間內也能做，與慢跑等相比，是較為輕鬆的運動，請務必試著去做。

身體上的懶懶散散

30 早上很難起床

　　雖然在睡覺上沒感覺有什麼問題，但卻有人在早上就是很難起床。

　　雖然一度醒了過來，但是又睡了回去，或是會窩在床上一段時間起不來。若要控制這樣「起床時拖拖拉拉的問題」，該怎麼做比較好呢？

研究 1 > 壓力會打開剛睡醒時的身體開關

　　有很多人早上起床都會覺得很痛苦，但「覺得痛苦」的那件事本身，其實並沒有真那麼痛苦。之所以這麼說是因為，人是會對起床這件事感受到很大壓力的生物。

　　例如請試著想一下停止不動的腳踏車。

　　要讓停止的腳踏車動起來時，需要很大的力量。人也和這一樣，為了讓睡眠中靜止不動的身體瞬間動起來，就需要有動力源，那個動力源就是「壓力」。

　　壓力一旦升高，為了抑制那分壓力，就會分泌「皮質醇」這種荷爾蒙。人會因為對起床感到有壓力，而升高血壓及血糖值，開始準備活動。為了抑制起床時過高的壓力，皮質醇的數值也會很高。

　　會對起床感到有壓力是很自然的現象。

第 3 章　身體上的懶懶散散　**143**

　　早上起床很痛苦的人，請試著積極地睡回籠覺。因為睡回籠覺會讓為抑制壓力而分泌的皮質醇更為增多。皮質醇的量增加愈多，心情愈能在起床後偏向穩定並舒適度過一天。

　　此外，有很多人莫名會覺得「睡回籠覺很舒服」，這其實也是有科學根據的。因為睡回籠覺時，會產生「腦內啡」這種腦內嗎啡。為了讓心靈平靜下來、放輕鬆，反而很建議積極地睡回籠覺。

自我控制 **1**
一開始先將睡回籠覺排進行程表中

　　睡回籠覺會給人是無法自我管理的人的印象，但誠如先前所說，為了能起床後好好活動，這件事並沒有那麼糟。

　　與其想著「又不小心睡了回籠覺」或是「今天也沒辦法一睜眼就起床」而心情低落，不如一開始就決定好「計畫性回籠覺」來睡回籠覺。

　　此外，每個人都有不同的差異，重複深層睡眠的非快速動眼睡眠與淺眠的快速動眼睡眠的週期約90分鐘。快速動眼睡眠時若醒來就能暢快起床，所以也可以以90分鐘為單位來切割睡眠時間。

　　例如若有人總是拖拖拉拉睡到剛剛好要上班前的7點半，就先把鬧鐘設定在6點。然後為讓回籠覺的起床時間剛好是在快速動眼時，請試著在90分鐘後的7點30分時讓鬧鐘再響一次。

只要關注到能提升表現成果的回籠覺，就能積極地樂在其中。

起床時想起正面積極的回憶

從睡眠轉移到起床時需要能量，所以睜開眼時會有壓力，為了抑制這分壓力，就會分泌皮質醇這種荷爾蒙，這點之前已經說明過了。

不過，就算是汽車，大家也會覺得若能不用能量就能行駛比較好吧。與此相同，起床時若能減少不必要的壓力，舒暢地覺醒，這樣一定是比較好的。

來自劍橋大學阿斯克倫德等人的研究指出了在較少壓力狀態下清醒的重點。

？ 起床的研究

讓427名受試者回想起負面消極的記憶與正面積極的記憶，並調查1分鐘後他們的反應。結果，單只是回顧正面積極的記憶，皮質醇的分泌就減少，出現了壓力與自我否定感減少的結果。

這結果能讓人期待到，清醒時，若是想著前幾天發生的有趣事情等積極正面的回憶，單只是這樣就會有抑制壓力的效果。這樣應該也能瞬間減少壓力。

㉛ 想再吃一個零食

對工作或學習時必須思考的人來說，大腦糖分不足會是很大的一個問題，所以各位在日常中是不是會吃些像巧克力等類的零食呢？

有時事後回想起來，也會覺得自己是「我沒那麼需要糖分吧」而陷入吃過多的狀態吧。為什麼零食會一口接一口的停不下來呢？以及該怎麼做才能不再吃下去呢？下面就讓我們來看看這些機制吧。

研究 1 › 糖分容易攝取過量

如在項目㉘「戒不掉垃圾食品」（P135）中提到的，脂肪與糖分很美味。我們平常就在與脂肪和糖分的誘惑戰鬥，而且在滿大比例上都輸了。

根據2016年「國民健康・營養調查報告」指出，約有2,000人是糖尿病預備軍。這表示，日本人每6人中就有1人是糖尿病患者，或是有可能罹患糖尿病。不經意地就攝取過多的糖分，絕不是什麼特別情況。

日本糖尿病患者的比例

6人中有1人！

（來自厚生勞動省・2019年 「國民健康・營養調報告」）

研究 **2** ▷ **巧克力有益健康！**

巧克力可以說是零食的代表，有很多相關研究都表示對健康有益。

總的來說，巧克力中含有可可多酚，有著有益健康的效果。明治是很有名的巧克力製造商，以下將介紹明治與愛知縣蒲郡市、愛知學院大學產官學共同進行的研究。

> **？ 關於巧克力的健康效果研究**
>
> 研究持續四星期讓45～69歲347名受試者一天攝取5gX5塊（約150kcal）可可含量72%的巧克力。結果報告顯示，他們的血壓降低、在精神及肉體上都很有活動力。而且在體重及BMI的變化上也出現了令人不可置信的結果。

但是，這個5塊巧克力的量，比起我們平常吃零食的量來說，稍微少了一點吧？而且即便可可多酚肯定是對健康有益的，若吃超過了這個實驗量的巧克力製品，就有可能會攝取過量的糖分與脂肪。

例如平均來說，50g的牛奶巧克力一塊就是283kcal。可可多酚1塊（50g）是343mg。與可可含量72%的5塊巧克力相比，一塊牛奶巧克力的熱量幾乎是2倍，而可可多酚則約一半。

從這數字來看，希望大家要注意零食別吃過量。

自我控制 **1** 玩 **3** 分鐘俄羅斯方塊

為了不吃過量的零食，能抑制食慾的自我控制方式，除了在項目㉗「運動量減少了，飲食量卻不變！」（第130頁）介紹過的輕敲法，還推薦另一種方法，那就是玩益智遊戲的「俄羅斯方塊」。

預防吃太多的研究

根據英國普利茅斯大學（Plymouth University）的研究可得知，只要玩3分鐘的俄羅斯方塊，不僅食慾，性慾與睡意也會減少。

你不吃嗎？

POTATO CHIPS

透過「做某件事」，就能有效讓大腦的注意力從空腹等各種各樣的欲求中轉移開來。

要說起其中道理，雖然只要是遊戲都有效，但像是能玩短時間又不太須要思考的俄羅斯方塊那種益智遊戲是最好的。

若過於專注在有挑戰性的角色扮演這類遊戲上，大腦會疲憊，轉移對食慾注意力的重振精神效果就會減少。

吃太多零食的人，請玩3分鐘俄羅斯方塊，讓大腦休息以恢復精神。

即便玩了俄羅斯方塊卻怎樣都還是會吃零食的人，若是少量吃在研究2中介紹到的含多量可可成分的巧克力，除了能滿足欲求，對健康也會有良好的影響。

身體上的懶懶散散

32

懶於保養肌膚

　　雖然知道最好每天都要確實保養肌膚，但應該有很多人不禁會偷懶而陷入自我厭惡中吧。

　　肌膚保養、化妝除了對每天都會接觸到的他人來說是社會性行為，同時也是為了自己好的行為。可可·香奈兒有句名言是：「能容許醜陋，但絕不容許邋遢。」正因為要注重儀容，自我控制才是重要的。

研究 1 > 提高肌膚保養的意識

　　這分資料不限於女性，經營美容情報網「@cosme」的股分有限公司Istyle Inc於2020年5月及10月時針對15～69歲的@cosme produce會員的女性進行了「關於美容與生活方式的問卷」，看一下這分問卷可以發現，近年保養肌膚的意識似乎提高了。

> **因新型冠狀病毒感染擴大而對肌膚保養關心的變化**

（引自股分有限公司Istyle Inc「@cosme」「關於美容與生活方式的問卷」）

回答「對肌膚保養的關注」「增加許多」或「增加了」的人，在2020年5月時為64.7％、10月時為66.7％。「對肌膚保養的支出」「增加許多」及「增加了」的合計，在2020年5月時為32.5％、10月時為42.7％，大幅增加了（參考第149頁的圖表）。

這個背景是因為新冠肺炎，待在家的時間增加了，使用保養品的時間就增加了。此外，因為配戴口罩而發生肌膚乾燥問題的人增多，也會影響到肌膚關注度。

研究 2 〉 肌膚保養的意識在男性中也拓展了開來

股分有限公司INTAGE Inc.分析了持續收集全日本15歲～79歲52,500名男女的資料，並據此發現，2020年保養品推估的市場規模總體，因為新冠肺炎所導致的居家，以及因配戴口罩而使得化妝用品大為蕭條，與前年相比，只剩89％。

但是即便處在這樣的狀況下，若單就男性來看，卻比前年成長了104％，可以看出自2016年起5年內，成長了111％。

INTAGE Inc.分析指出，其背景是因為線上會議增多了，看見自己臉孔的機會增加，所以男性也變得對肌膚保養關心了起來。

自我控制 1 想像陷入不好未來的窘境

例如若一聽到：「收入會因外觀而大不同。」現今偷懶不做肌膚保養的人，應該就會變得想努力保養了吧。

? 關於外觀與收入的研究

德克薩斯大學奧斯汀分校（University of Texas at Austin）哈默梅什（Daniel Selim Hamermesh）指出，幾乎在所有國家中，外觀印象比平均好的人，有比外觀印象較平均差的人賺更多錢的傾向。

或許外觀的印象也與天生的容貌有關，但肌膚保養、化妝、表情、姿勢等也確實能改善印象。

　　只要鮮明地想像著，因為現今偷懶於保養肌膚，或許會導致收入減少的糟糕未來，應該就會想為迴避這樣的未來而努力了。

自我控制 2
想像充滿自信的未來

　　理解到透過肌膚保養能獲得良好結果也很重要。這也是有科學效果的自我控制。

關於保養指甲的研究

　　京都大學的平松調查了男性做美甲而導致的情緒變化。沒想到所得出的結果竟是，單只是進行美甲，「混亂」的情緒就減少了。

　　為什麼單只是美甲就能有這樣的效果呢？

　　拿東西、洗手、打電腦等，在日常生活中，手及指甲經常都會進入到自己的視野中。只要保持生活中經常會看到的指甲清潔，大腦就會覺得有安心感，提高自我肯定感、心靈平靜下來。

　　而且也有研究結果是關於看到自己姿容所獲得的效果。

只要看到自己的容貌就會湧現出幹勁的研究

根據大阪大學太田與中野的研究發現，只要透過鏡子看自己的容貌，竟然就能活化被稱為大腦酬賞系統的部位。

本書中也出現過好幾次了，大腦的酬賞系統是與幸福感、好心情等連結的大腦回路。只要活化這裡，就會感受到舒暢、開心的情緒，湧現出「想做得更多」的感受。也就是說，會湧現出幹勁。

就像看到做了美甲的漂亮指甲會讓心情穩定下來般，要照鏡子以拿出幹勁，最好是要呈現出模樣乾淨、整齊的自我狀態。

透過看著進行保養的自己的臉及身體，自我肯定感會提升，結果就會湧現出對工作、戀愛、生活的幹勁。

透過意識到充滿自信的未來來維持肌膚保養的熱情吧。

身體上的懶懶散散

33 無法持續抗老保養

年歲增長這件事，以知識、經驗為首，會增加有形、無形的財產，相較年輕時候，在各方面都會變得比較富足。即便上了年紀，也會想說「我沒有輸給年輕人的地方」，但體力與細胞無論如何就是贏不了老化。

想永保外觀年輕的人，應該是很在意抗老保養的吧。「想常保年輕」的願望與「想要錢」很相似，不論是誰，都會這麼希望。但是否能實際付諸行動則是最重要的。

研究 1 ＞ 改善皺紋的保養品很暢銷

誠如在前項「懶於保養肌膚」（第149頁）中所提到的，在新冠肺炎期間，人們對肌膚保養的意識提高了，但也有多數人因遠距工作而減少了化妝的機會。

2020年3月，花王對曾遠距工作過的女性進行了一項問卷調查，根據這項調查指出，在家工作時，若只須要「稍微」化點妝，就有約6成的人「完全不化」。僅有4成的人回答「幾乎化得和在公司時一樣」。

在家工作時化妝嗎？

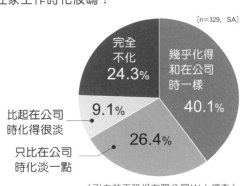

[n=329, SA]

完全不化 24.3%
幾乎化得和在公司時一樣 40.1%
比起在公司時化得很淡 9.1%
只比在公司時化淡一點 26.4%

（引自花王股份有限公司Web調查）

因為是這樣的情勢，2020年的化妝品銷量大幅降低。但是在這之中，改善皺紋的保養品銷量卻有上升的趨勢。如與保養品業界技術的進步步調一致般，人們對抗老的意識也在年年升高。

研究 **2** › 抗老＝不只有皮膚及外貌

確實做好保養不一定意味著抗老。

最重要的是「健康」。是否有像年輕時那樣有活動力很重要，而充滿活力地行動，也能改善外貌的狀態。

此外，也有人雖注意肌膚並保持在完美狀態但卻生了病。即便保持好外觀的年輕，若無法充滿活力地活動，就不能說是真正地獲得了「年輕」。所謂的抗老，最理想的就是身心都處在健康狀態。

自我控制 **1** 關注腸活

不僅是外觀，要在本質上抗老，重要的是什麼呢？

答案就是「腸活」。除了肌膚狀態，對於健康來說，腸也是理所當然地重要。有8成的免疫細胞都集中在腸道，被稱為「幸福荷爾蒙」的血清素，也是有8成是在腸道中製造的。

血清素是腦內神經傳導物質的其中一種，所以自弄清楚了血清素是在腸道中被製造出來的，腸就被稱為「第二大腦」，受到了醫學界、美容業界以及腦科學的極大關注。

而要保持好腸道的好狀態，飲食是最重要的。讓我們透過攝取含有發酵食品、寡糖、膳食纖維等的食材來整頓腸內環境吧。在發酵食品中，推薦含有比菲德氏菌及乳酸菌的優格、乳酸菌飲料、納豆。此外，也可以吃含多量水溶性膳食纖維的菇類、黏滑的海藻類。

利用微深蹲促進肌肉激素分泌

有一個所有人都能簡單做到的運動想推薦給無法持續抗老的人，那就是微深蹲（又稱為空氣椅子）。

透過進行給大腿等下半身肌肉施加負擔的微深蹲或深蹲，肌肉就會分泌出總稱為「肌肉激素」的多種荷爾蒙。

肌肉激素中有能燃燒脂肪、分解脂肪，以及對糖尿病有預防作用的「鳶尾素」（irisin）及白血球介素-6〔Interleukin 6，簡稱白介素-6（IL-6）〕，還有據說能降低罹患大腸癌風險的「SPARC」等，是對抗老及健康來說必須且很棒的荷爾蒙，近年不斷有在進行研究。

其中最受矚目的就是「鳶尾素」這個肌肉激素。「鳶尾素」本來已知有幫助脂肪燃燒的效用，但根據最近的研究表明，也有活化掌管記憶、位在大腦中海馬迴的功能。

目前已知，鳶尾素順著血流抵達腦部時，會增加在海馬迴中的腦源性神經營養因子（BDNF）。

報告指出，這個BDNF對活化大腦神經細胞來說負責著重要的任務，而且有提升記憶及認知功能的作用。因此，這個「鳶尾素」也有望能預防失智症及憂鬱症。

單只是做微深蹲，就能簡單在日常生活中進行最新的抗老保養，沒理由不去做！做法很簡單。背部貼牆，讓腰往下降，像是有椅子在那裡般，保持如同坐著的姿勢30秒。之後慢慢站起，休息30秒，再進行30秒的微深蹲。進行這一連串的動作3～6組。

　　運動能訓練肌力、減去脂肪、變得有活力，所以對健康很好。我們雖對運動有像這樣簡單的印象，但知道了肌肉激素的作用後，對運動有益身體的了解就會更深入、多樣了。

身體上的懶懶散散

③4 不禁就會駝背

電腦與手機在我們生活中已是必不可缺的了。這些使用電子產品的姿勢無論如何都會變成是拱著背在看的模樣。

在日常生活中，一旦放鬆下來就會變成像這樣姿勢不良的人，應該有很多吧。若成了駝背，對身心都會有不好的影響，所以就用自我控制來改變吧。

研究 **1** > **駝背是百害而無一利**

姿勢若不良，脊椎就會彎曲，變成「駝背」狀態。那不單看起來很無精打采，對健康也很明確地有不良影響。除了會成為肩頸僵硬、腰痛的原因，與正常的脊椎相比，神經會受到壓迫，內臟機能也會變糟。

此外，近年也有非常多人是雖然背部沒有拱起，但只有脖子往前傾，形成了所謂「手機脖子」「脖子駝背」的狀態。這也一樣會成為肩膀僵硬的原因，因為會影響到神經，精神狀況也會變糟。姿勢不好真是百害而無一利啊。

研究 **2** > **只要伸直背脊，做事成效就會提升**

維持良好姿勢對健康面與精神面上都有好處，但問題是，我們卻無法覺得這樣的姿勢很舒服。

紐西蘭奧克蘭大學的威爾克斯（Wilkes）等人對61名被診斷為輕度到中度憂鬱症的受試者進行了實驗。

關於駝背與憂鬱症的研究

以下情報首先表現出的就是被診斷為是憂鬱症的61名受試者全都是拱著背的。實驗將這些受試者分成如下2組。

① 讓他們如平常般坐著

② 讓他們正確伸直背脊而坐（彎曲後背也是NG，所以會由物理治療師進行輔助，將膠帶貼在背脊彎曲的人身上，追蹤他們保持正確姿勢）

像這樣依各姿勢而坐的受試者們要進行5分鐘的演講。接著，為給予受試者壓力，讓他們進行從1022到1009、996、983等一一減去13的心算。

結果，伸直背脊而坐的②組會比較有情緒高昂的感覺、恐懼心減少了，還有能順利演講的效果。

若是身心都還算健康的人，挺直背脊比起拱起背部時心情會更高亢，但被診斷為有憂鬱症的人，即便只是伸直背脊都會有效，所以很令人驚訝。

而很遺憾的是，愈是使用手機或電腦，就愈是會拱起背部……。儘管也是有社會、經濟、COVID-19的不安，有著心理問題的人年年不斷在增加的根本原因，或許也可能是因為這個「姿勢」的緣故。

享 受 不 看 手 機 的 生 活

不使用手機的生活很難過，要以正確姿勢來滑手機更難。

這麼一來，還是只能讓自己置身於「無法使用手機」的環境，結果我們只能得出像這樣簡單又確實的結論。

若是在通勤電車或客滿的電車上，可以把手機放在難以取出的包包內，或是採用有限時的APP，設定時間，在這期間讓手機的功能都無法使用，在一定程度的時間內讓人無法使用手機——各位要不要試著仰賴這類物理上的限制呢？

此外，應該有很多人會覺得，若無法用手機輸入資訊會很困擾，但有許多的限時APP是能設定「只能使用音樂播放器」的。所以建議可以聽自己喜歡的內容、搜尋有益的內容且即便不看畫面也能將資訊輸入大腦的，例如音樂、有聲書等。

使 用 腹 肌 ， 緩 慢 呼 吸

以下要來介紹隨時隨地都能進行的背肌矯正運動。重點是呼吸。

關 於 改 善 姿 勢 的 研 究

這是建陽大學簡等人的研究。可以保持著站姿或坐姿，注意有確實使用到腹肌並伸直背脊緩慢呼吸，進行這個練習幾個星期。結果可以看出平常的姿勢有改善了。

若只是呼吸與姿勢，不論是站是坐，不管什麼地點、時間，都能進行。此外即便是外出，也不會遭致周遭怪異的目光。這樣做很有益，每天都能做到，而且在那段時間中也不會去接觸到手機。

身體上的懶懶散散

35 在意老人味

人類會想要適應環境，所以若是稍微有點難聞的氣味，久了就會習慣而感覺不到了。

因此，中年以上的男性即便有了會令人介意的老人味，自己卻完全感覺不到，這點很常見。此外，也有例子是，隨著年齡的增長，若是有某些地位的人，也有可能不會被指出有老人味。

不論自己有沒有自覺到，我們是否有可能控制、抑制老人味呢？

研究 1 〉 老人味是男女共通的煩惱

說起老人味，很容易會讓人覺得是中高年男性所特有的，但其實這與性別無關。

隨著年齡的增長，皮脂中的「棕櫚油酸」就會增加。同樣會隨著年齡增長而增加的過氧化物一旦與棕櫚油酸結合，就會製造出形成老人味的「壬烯醛（Nonenal）」這種物質。

隨年齡增長而增加

棕櫚油酸＋過氧化物

老人味的成因「壬烯醛」

資生堂研究中心的土師等人的研究指出，壬烯醛即是形成老人味的原因。壬烯醛與性別無關，男女都會製造出來，所以絕非只與男性有關。

研究 **2** 〉 老 人 味 是 能 保 養 的

為什麼我們會有「老人味＝男性」這樣的印象呢？

答案很簡單，因為老人味在某種程度上能以保養來抑制。有很多女性每天都會進行氣味及肌膚的保養，這就會使得她們不容易有老人味，又或者說是讓人難以察覺到。

另一方面，男性則是幾乎沒有肌膚保養的習慣，所以會因此出現老人味。

自我控制 1 ＞ 避 免 油 炸 食 品 ， 吃 蔬 菜

要抑制老人味，應該要怎麼控制才好呢？

誠如先前說過的，從皮膚產生出來的脂肪酸與老人味成因的壬烯醛有關。因此若是飲食油膩，就愈容易產生老人味。

此外，我們會因為呼吸而將大量氧氣吸入體內，此中據說有約2％的活性氧。這個活性氧是「很強大的氧氣，有著讓體內其他物質氧化的力量」，殺菌力很強，肩負著擊退細菌及病毒的任務，但若是增加過多，就會形成身體的老化。

而體內的活性氧若增加，造成老人味的過氧化物也會增加，所以要攝取富含維生素C與維生素E等能減少活性氧的食材。

早上例行公事「運動→淋浴」

活性氧會因為感受到壓力而增加。也就是說，壓力也是老人味的來源之一。

運動流汗與緊張時流的汗成分不同，尤其是蛋白質的量有很大差異。感受到壓力、緊張時流出的濕淋淋汗水有多量蛋白質，與形成老人味有關。因此希望各位盡可能過著不會感受到壓力的生活。

此外，若皮脂堵塞毛孔，皮脂就會氧化而成為老人味的原因，大量流汗以讓毛孔不被堵住也是很重要的。

試著去運動、泡澡、洗蒸氣浴吧。運動、泡澡、洗蒸氣浴也能消除壓力，在雙重意義上都能成為消除老人味的對策。

在此要介紹一下關於老人味的研究。

老人味的研究

根據東京瓦斯都市生活研究所的研究報告指出，早上只要淋浴約1分鐘，就能減輕體臭，而且效果可以持續到傍晚。

稍微早起些去運動、流點汗，然後淋浴過後再去工作吧。試著去做像這樣的早晨例行公事生活法，不論對老人味、健康還是工作，都能帶來良好的效果。

身體上的懶懶散散

36 一直吃外食容易胖

伴隨著年紀增長，代謝本來就會減緩而變胖。再加上工作上一直有聚餐、長期出差，使得很多人都煩惱著「吃外食的機會增加，變胖了」。

我們要怎麼應對這點、怎麼自我控制呢？

研究 **1** › **吃外食容易變胖**

話說回來，或許有人會認為：「吃外食真的容易變胖嗎？」沒錯，這幾乎可說是事實。

？ 關於外食與熱量的研究

美國癌症協會的阮與伊利諾大學芝加哥分校的鮑威爾（Powell）以20～40歲約12,000人為對象，進行了調查。比起一般平日所需的熱量，食用速食的人平均攝取量是194.49kcal、去餐廳吃飯的人則是205.21kcal，表明了攝取量是比較多的。此外也可得知，脂肪與糖分的攝取量也增加了。

研究 2 › 和他人一起吃飯時會傾向於吃得過多

有分報告是在研究和他人一起吃飯、自己一個人吃飯時，吃的量會有怎樣的變化。

關於和他人一起吃飯的研究

這是英國與澳洲研究者們的共同研究，以120人為對象。

① 和朋友等相熟的人一起吃飯

② 與初次見面的人一起吃飯

③ 自己一個人吃飯

調查這三種情況下有何不同。結果發現，飲食量的增加順序如下（由少到多）：③自己一個人吃飯→①和朋友等相熟的人一起吃飯→②和初次見面的人一起吃飯。

從這分研究結果可知，與某人一起吃飯時，飲食量比較會增加。和某人一起吃飯這點，在自家中吃也是一樣的，所以不能一概而論說吃外食就不好。

就先記住，在外食的聚餐上，尤其是和不怎麼熟悉的人聚餐時，也有很高可能性會吃得過多。

我們容易認為，比起一個人吃飯，許多人一起吃飯時會一起交談而開心起來，是否就會因此增加了飲食量，但根據這項研究可以得知，即便是與初次見面的人一起吃飯，飲食量也會增加。

這個現象可以用演化心理學的觀點來說明。所謂的演化心理學是指從單靠狩獵或農耕來維持飲食·生活的時代起，人類的內心都沒有改變。

早年食材很珍貴，每天的飲食是直接與維持生命相關，這種事很常見。因此，就演化心理學來看，人若圍在桌旁一起吃食物，就容易引發「競爭」。總之，在無意識中就會產生不安，覺得「若對方吃很多，自己

的分就沒了！」所以即便是與初次見面的人一起吃飯，飲食量也會增加。

進行「腦內飲食」

美國卡內基・梅隆大學（Carnegie Mellon University）莫魯維奇（Morewedge）等人的團隊公開了「單只是想像，就能在一定程度上抑制食慾」的研究。

 ❓ 控制聚餐時食慾的研究

這個實驗將51名受試者分成了以下3組。

① 想像「吃3個巧克力（m&m's）」&「將30枚硬幣投入自助洗衣機中」的場景

② 想像「將3枚硬幣投入自助洗衣機中」&「吃30個巧克力」的場景

③ （沒有吃東西的想像）想像「將33枚硬幣投入自助洗衣機中」的場景

之後，將裝有巧克力的盤子分配給所有受試者，然後指示他們可以想吃就吃。結果想像吃了30個巧克力的②組受試者與想像只吃了3個的①組以及沒有想像吃巧克力的③組受試者相比，實際吃的巧克力量會比較少。

在大腦內播放出自己在吃著東西的模樣的「腦內飲食」，是在工作上或私生活中的聚會前就能簡單做到的舉動。請務必一試。

一 個 人 吃 飯

我們已經知道比起在家吃飯，在外面吃飯比較容易胖，同時，比起一個人吃飯，多數人一起吃飯的飲食量會增加，所以在工作聚餐以及與朋友的聚餐之外，就盡可能自己煮、自己一個人吃飯吧。若跟家人同住，卻每天都一個人吃飯，在心情上難免會有顧慮，所以請頂多只在變胖時才活用這控制法。

而且若無論如何都得外食時，建議可以利用外帶。衡量到熱量，只要事先決定好要點的餐點，然後只買那些就回家。若是在店裡用餐時，有時可能會「想再吃一道……」，但若是回到了家，就無法加點，所以能做出調整。

第 **4** 章

心理上的
懶懶散散

37 無意識中習慣往不好的 方面想

任誰都曾把事情往壞的方面想。因為災害或COVID-19等對工作及收入帶來不好的影響、盂蘭盆跟新年都無法回鄉，難免會感到不安。

想要過著充滿朝氣的人生，就要用自我控制來應對「不安」這個棘手的情緒。

研究 1 > 不安不是特別的情緒

沒有不會感受到不安的人。請回想一下在第3章中也提到過的演化心理學（第165頁）。譬如，若我們是生活在舊石器時代，即便有家或洞窟，仍會有風咻咻地從細縫中吹入，當然也不會有冷暖氣，蟲子更是到處爬吧，而且還處在不知道什麼時候會有大型肉食猛獸襲來的狀況。總之，面對「死亡」的風險絕對是比現代高出許多的。

因此，不安這種情緒很有助益。一旦感到不安，就會提高對周遭的注意力，能避開死亡。不安是要活下去必不可缺的情緒。

而誠如演化心理學所主張的，若人們心靈的狀態從石器時代起幾乎就沒怎麼變，人們自然會因為些微的變化就感受到不安。

所謂的「高敏」人，指的是感受不安的雷達很敏感，所以這並非缺點，而是一大武器。

即便是在現代，感受到不安也對生命有所幫助。例如遭遇到極大災害時，因為不安於是否會有二次災害，於是趕緊去到避難所，結果住家隨後就倒塌了……或許會出現這樣的情況。

只要這麼一想，是否就會覺得感到不安也沒那麼糟呢？雖然也有人是因為不安而使得精神上被逼到窘境，導致健康受損，但容易感到不安的人也可以想成是「避開危機能力很高的人」。

怎麼會讓自己死呢

注意力 提升

不安

研究 2 > 操心是遺傳

基本上，人就是會感受到不安的生物，但其中也是有人會特別習慣把事情往壞的一面想。一般認為，像這樣「不安感特別強烈的傾向」是來自於原本的個性，而這樣的性格約有5成是來自遺傳。

因為是天生的，會東想西想也無可奈何。比起強求沒有的東西，想想如何以現今能做到的去應對、如何面對這樣高性能不安的雷達、該怎麼與之相處，才能讓未來變得更好。

自我控制 1　理解到「就是這樣」

單純且最重要的就是理解到「會感到不安絕非特別的」。此外，即便就平均值來看，自己明顯是好操心的，也要想到是因為「若是遺傳，那也沒輒」而放棄掙扎。

人因為「不知道」而會不安。例如「不知道什麼時候會有狼從樹蔭下衝出來」「不知道COVID-19什麼時候才會平息」而感到不安。

當然，在現狀下對這些不安並無法給出有效的解答，但只要知道所有人都會不安，這是很自然的就好，

即便發生的是同一件事，也會因為做出不同的解釋，而使心態有180度的轉變。

就像有人擦肩而過碰撞了自己時，若對方是輕浮的人，我們就會感到煩躁，但若對方是小孩子，我們反而會覺得是自己的錯。明明被人碰到肩膀是同一件事實⋯⋯。因此自己要怎麼去看待這樣的不安就會決定一切。重要的是，不如認為擁有敏感的不安雷達是很自豪的，同時帶著自信去應對湧上的不安。

自我控制 **2** 認知再評估

以下要介紹能減輕不安感的技巧。那就是透過改變對自身情緒的解釋，亦即所謂的「認知再評估」，就能減少負面情緒的要素。

 關於認知再評估的研究

在哈佛大學布洛克斯（Brooks）的研究中，以300名受試者為對象，進行了以下的測試。

・打分數的卡拉OK

・在人前演講超過2分鐘

・進行數學考試

同時將他們分成說出以下①～⑤句話的組別。

① 我很不安

② 我很興奮

③ 我很冷靜

④ 我很生氣

⑤　我很悲傷

　　結果說著②「我很興奮」的那組在唱卡拉OK時的正確性提高了，在演講時，說服力、能力、自信、持續性等的評價上升了，在進行數學考試時，也取得了最好的成績。

　　不論是因為不安所引起的生理現象還是因興奮所引起的生理現象，都同樣會流汗、身體會發抖。對大腦來說，它無法區別不安與興奮，所以針對那樣的生理現象，給予大腦怎樣的解釋就變得很重要。

　　因此，若是感受到了不安，請試著像這樣說：「喔！我現在很興奮喔。」單只是這樣，或許你所看到的世界就會不一樣。

38 總是會自責

　　發生不太好的事情時，應該所有人都會覺得是自己的責任，想著：「或許是自己的錯。」此外也有原因真是出在自己身上的時候。

　　不過若一直在自責，自己就經常會受傷而感到難過。反省當然是很重要的，但是始終惦記著失敗或後悔並沒有建設性。若因此而帶給某人困擾，就要將反省結果活用在下次上，透過自我控制來補償或回報對方。

研究 **1** › **人 會 對 沒 做 的 事 後 悔**

　　會自責的人，對本來應該反省之處反倒感到強烈的後悔，並對此無法忘懷。

> **關於後悔的研究**
>
> 　　康乃爾大學心理學家吉洛維奇（Gilovich）與梅德維克（Medvec）以男女老幼為對象，利用面對面、電話、問卷等方式，針對關於「後悔」的意識，進行了5種調查。
>
> 　　結果顯示，人們對近期發生的事經常會覺得「因為做了而後悔」，但另一方面，若就長期跨度來思考，反而更會覺得「因為沒做而後悔」。而且對於因為沒做而後悔的事，會傾向於隨著時間的經過，加重後悔的情緒。

對做過的事後悔較少的原因在於，<u>即便失敗了，為了克服失敗或心理上的挫折，人們會努力恢復並振作起來</u>。

寧願後悔做了，也不要後悔沒做。

既然如此，就做出行動，即便失敗了，也能將之當成糧食並繼續努力，那樣比較重要。

研究 2 ＞「自己的問題」和「自責」是不一樣的

一直自責下去並不好，但把事情想成是「自己的問題」很重要。若看成是自己的問題，就能有意識地積極主動去處理事情，而且因為要自己思考，思考上會比較深入，也能有效培養道德品格。此外還能提高「共鳴」能力。共鳴力是在守護自己的同時，還是能獲得與他人相互理解、順利過著社會生活的寶貴能力。

不過也有人會把完全與己無關的事情也想成是自己的問題，所以必須注意。

例如作為假想實驗，把事情想成是自己造成的，並不斷嘗試著「該怎麼做才能解決呢」，對自己的成長來說是件很棒的事。但是，明明自己完全沒錯，卻一直在自責，導致精神狀況崩潰，那就是個大問題了。

自我控制 1　洗手

威廉·莎士比亞的戲劇《馬克白》中，馬克白的妻子在暗殺了鄧肯王後，受罪惡感驅使，為消除血腥味而不斷洗手。藉洗手來洗去罪惡感的行為，就被稱為「馬克白效應」，也有許多實驗在驗證這麼做是否真能贖罪。我們來看看其中一個實驗吧。

這是密西根大學安娜堡分校（University of Michigan-Ann Arbor）李與史華茲（Schwartz）的研究。讓40名學生隨自己喜好排序10張音樂CD。決定排名時，分為洗手跟不洗手的如下兩組。同時讓受試者播放排名第5或第6的CD。

① 以洗手液洗手的受試者

② 只看著洗手液瓶子的受試者

之後，再讓他們排序時，①的洗手組會將播放的CD排序排得和之前一樣。②的沒洗手組別則會將播放的CD排名排得比前次高。

因為只要洗手，連對過去決定的後悔就也會洗掉。

因此，因自責念頭痛苦時，要不要試著像要進行「禊」（清洗全身來做淨化）那樣，使用洗手液來洗手呢？

自我控制 **2** 為自己著想

之所以會覺得「是自己的錯」，有可能是因為理想過高。因為有很高的理想，結果落差太大，就會因自責念頭感到痛苦。

像這時候，我想推薦給大家的方法是「自我憐憫」。「自我憐憫」本是以佛教中「接受如實的自己」的想法為基礎。可是這不僅是宗教觀，而是收集了各式各樣研究的臨床資料，從心理學上的見解發展成有用的方法論。

簡單來說，面對自責的自己時，自己說出「不須要這麼責難也可以吧」並接受之。

據柏克萊加州大學的曾與陳的實驗指出，若能將自我憐憫習慣化，就會變得正面積極，有促進品行成長的效果。

假設某個失敗真的是自己的錯，要想到「畢竟是人，已經盡力了，所以也無可奈何」並接受。對自己說出體貼的話：「從這次經驗中吸取教訓，用於未來的成長吧」並認可自己吧。

誠如在前項「無意識中習慣往不好的方面想」（第170頁）所提到的，不要否定自己的心情，承認「自己是會感到不安也會失敗的人類」這點很重要。

「認」這個字的偏旁有個「忍」。控制想抱怨自己的心情，忍耐想責備的話語。這就是認可自己。

若是後悔，只要有所成長，下次不要做出同樣的失敗就好。若能像這樣向前看，就能以積極的心態面對自責的情緒。

39 沒了「高興」或「悲傷」等的情緒起伏

　　是否有許多人因為新冠肺炎而減少了聚餐、出遊的機會，變得不愛出門、一點一滴沒了情緒起伏呢？這是因為與人的溝通減少了所引起的問題，以下將介紹可以怎麼進行自我控制的方法。

研究 1 > 沒有「情緒起伏」的壞處

　　沒有情緒起伏絕非只有不好的一面。

　　例如對身體、精神上來說，遭遇極大壓力時會出現急性壓力反應症狀，又或是因自律神經失調而使得情緒起伏劇烈。

　　從這樣的例子來思考就能知道，情緒起伏不要太激烈比較好。若本就自覺情緒波動激烈的人想稍微沉穩一點，這絕非什麼壞事。

研究 2 > 應該冷靜掌握自己的現狀

　　近年，憤怒管理很受人注目。「憤怒」這種強烈的情緒多被認為是不好的。

　　身為動物一員的人類，感受到身邊有危險時會出現兩種反應。憤怒一戰，或是怯懦逃跑。不論是哪種反應，都可以理解成是為了保護自己。若自己的心靈及身體在瀕臨危險時沒能發怒，就無法守護自己，或無法改正有問題的環境。

如憤怒那樣激烈的情緒起伏是自我防禦的一個反應，減少那種起伏的波動也可說是自我防禦的反應。若情緒不安定，變得會激烈地上下起伏，在精神層面與肉體層面上都會有所消耗。有一種說法是「緊閉心扉」，這也有可能是為了保護自己免於消耗才讓情緒起伏趨於溫和。

　　例如若是有的人因為緊盯著SNS看而徒增不安，遠離SNS的結果就是情緒的起伏會減少，那麼現在就沒必要勉強讓情緒產生起伏。保持沉著冷靜的狀態也有可能是比較好的。

　　又或者說自己前不久疑似罹患了自律神經失調症，持續減少情緒波動可能就是有恢復的傾向。

　　考量到以上的那些情況，重要的是冷靜掌握自己當下的狀態。

自我控制 **1**

與看起來很開朗的人交流

　　我想推薦一個方法給冷靜掌握現狀，並想著「因為現今的自己是心門緊閉的，所以想更增加些情緒上起伏」的人，那就是和看起來很開朗的人交流。在此要來介紹愛知醫科大學松永等人的研究。

與開朗的人待在一起的研究

　　經實驗證實，有著心情開朗朋友的人更容易感到開心，而且幸福荷爾蒙血清素的分泌也會變多。

　　因為在開心的人四周會聚集來開心的人。為了讓自己開心起來，就前往開心的人所在的地方吧。

另一方面，也有與負面消極情緒的人待在一起時的研究。

和憤怒的人待在一起的研究

　　史丹佛大學布雷恰特等人進行的研究中，獲得了一項結果是，看著憤怒表情的受試者會比看著一般表情的受試者在情緒上變得更消極負面。

　　如果周遭的朋友或伴侶每天都一臉憤怒的模樣，你也會被憤怒的情緒所支配，各種事情還可能都會進行得不順利。盡量避免和那些會散布負面情緒的人接觸，去尋找充滿正面積極情緒的人或場所吧。

自我控制 **2**
閱讀小說

　　多倫多大學馬先生進行的研究中，有一項研究指出，透過閱讀虛構作品，能提高共鳴力，情緒也會有波動。

關於閱讀虛構作品的研究

　　在以200人以上為對象進行的研究中，得出的結果是，閱讀虛構類作品能提高與他人共鳴、類推他人心理，以及理解的能力。此外，還有一項結果是，閱讀虛構作品的人有較多談話對象。

　　順帶一提，閱讀非虛構作品較多的人，孤獨感與感受到壓力的程度較高。

　　透過閱讀以文章來表現各種情緒或是情感核心的小說，讀者會受到出場人物情緒的影響而出現心理上的波動。

人類是社會性動物，無法一個人活下去。人類生活中，與他人如何建立起關係很重要。其中關鍵就是共鳴力。透過互相理解、有共鳴，帶著體貼的心與人接觸，就能建構起良好的人際關係。因此推測，閱讀虛構作品而提高共鳴力的人，結果就是會有較多的談話對象。

40

煩躁不安且會遷怒周遭的人

即使瞬間出現暴怒的情緒，若能壓抑在自己內心還好，但你是否曾經將情緒發洩到周遭的物品或人身上呢？雖然大腦知道不可以那樣做，但不禁就會去做了呢……。這時候希望大家無論如何都要進行自我控制。

研究 **1** > ## 若把怒氣宣洩在物品或人身上，會更加憤怒

我們須要牢記一項科學事實，把怒氣宣洩在物品或人的身上是沒有一點好處的。

或許有人會想把怒氣宣洩在物品或人身上以發洩怒氣，但很遺憾的是，這樣做是沒有效果的。別說消除壓力，只會帶來負面的影響。

> ### 把怒氣宣洩在物品或人身上的研究
>
> 俄亥俄州立大學（The Ohio State University）布希曼（Bushman）等人的研究中，給予受試者們一個假的資訊：「要發洩怒氣，比起發洩在人身上，發洩在枕頭、沙袋等物品上比較有用。」然後特意讓第三者對受試者所寫的短文給出嚴厲的批判，讓受試者感到煩躁，之後讓他們從清單中選出想做的行動。結果幾乎所有人都選了沙袋。

為了發洩憤怒而垂打沙袋的受試者們，別說是平息怒氣了，反而變得具有攻擊性，且有持續憤怒的傾向。而且他們的憤怒不僅增加了，甚至還出現了有受試者把怒氣宣洩在不相干人身上的結果。

總之，別說把怒氣發洩在物品或人身上時能消除壓力，怒氣反而會更大，會對周遭大發雷霆，增加了給別人帶去更大困擾的可能性。

把怒氣發洩在物品上卻更生氣，不發洩在人身上又難以忍受，結果又更增添了憤怒……或許會陷入像這樣地獄式的無限循環中。

研究 **2** › **憤 怒 對 身 體 不 好**

誠如在前項「沒了『高興』或『悲傷』等的情緒起伏」（第178頁）所說明過的，也有例子是把憤怒當作自我防衛的方式。可是，憤怒對身體不好。有很多科學數據都顯示，那容易引起與壓力、不安有關的高血壓、血液循環不良、頭痛等症狀。以下將介紹其中一項有趣的研究。

？ 免 疫 力 與 憤 怒 的 研 究

倫敦大學的雷恩等人發表的研究結果顯示，若生氣超過6小時，免疫力就會下降。而且這研究也表明，若對他人心懷憐憫、慈悲，免疫力會提高超過24小時。

只要對人親切就會有正面效果，相對的，一旦發怒，就會有負面效果。

憤怒不僅會對心，也會對身體有不好的影響。所以希望大家能盡可能以積極正面的心情來度過每一天。

喝彈珠汽水

為了不要把煩躁發洩在其他物品上，只要保持「不煩躁」的狀態就能在本質上解決這個問題。

根據前面提到的俄亥俄州立大學布希曼等人的研究，我們已經知道，人的血糖值一低就會煩躁。

但是若為了不煩躁而吃了許多能提高血糖值的零食，不可否認的是，不禁就會吃得過多，有體重增加等壞處多過好處的可能性。

因此我推薦喝彈珠汽水。

重點是要選擇原料標記為葡萄糖而非砂糖的。糖類有許多種類，而葡萄糖則被分類為是糖的最小單位「單醣類」。

關於糖類

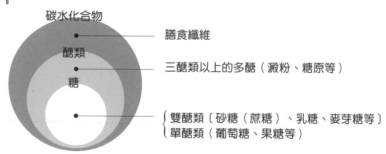

碳水化合物 ── 膳食纖維

醣類 ── 三醣類以上的多醣（澱粉、糖原等）

糖 ── 雙醣類〔砂糖（蔗糖）、乳糖、麥芽糖等〕
單醣類（葡萄糖、果糖等）

為什麼說葡萄糖比較好呢？因為它除了能有效轉換成大腦的能量，還能提升血糖值。

處在嚴格限醣的狀態中，或是糖尿病人以從脂肪產生的「酮體」做為能源時，就像是在非常時刻所使用的電池。

雖然吃下以砂糖為原料的零食也會成為大腦的能量，但大腦實際使用的，只有構成砂糖的葡萄糖，果糖無法成為能量。

若是以葡萄糖為原料的彈珠汽水，不僅可以只攝取到糖的最小單位葡萄糖，吸收效率很好，而且也沒有脂肪。實際上，經過研究，彈珠汽水的效果在科學上也獲得了實證。

彈珠汽水與大腦運作的研究

根據森永製菓研究所稻垣等人的實驗顯示，只要喝約一瓶的彈珠汽水，工作記憶及注意力等的認知能力就會提高。也就是說，能促進改善大腦的運作。

從這結果可以得知，只要喝彈珠汽水，就能確實將葡萄糖攝取進體內，甚至抵達腦部。

順帶一提，即便彈珠汽水喝過多也不太會有壞處，所以建議可以定期攝取。誠如「想吃甜食是因為身體想要」這句話所說，實際上，甜食所含有的成分對維持生命來說是必須的。

只不過，大腦疲憊而感到煩躁時，要注意，「別吃過多對身體不好的食物」這樣的抑制功能將不會運作。只要這麼一想，在大腦發出SOS前就勤勤懇懇地補給葡萄糖，比較能減少吃太多的機率。

據說大腦每一小時就需要4～5g的葡萄糖。一瓶彈珠汽水約有29g，應該是能攝取到26g左右的葡萄糖。請將這看做是建議的攝取量。請務必注意不要喝太多了！

自我控制 2
以「重新審視」來管理憤怒

雖然透過葡萄糖的力量就能不生氣是很理想的，但任誰都有無論如何就是會被捲入強烈情緒中的情況。

像這種時候，希望大家能進行憤怒管理，至少別對外發洩怒氣。

在此要推薦的是「重新審視」。其實在前前項「沒了『高興』或『悲傷』等的情緒起伏」（第178頁）所介紹過的史丹佛大學布雷恰特等人所進行的研究還有後續。

重新審視的研究①

將受試者們分成如下3組。

① 看著普通表情的組別

② 看著憤怒表情的組別

③ 看著憤怒表情並「重新審視」的組別

②組的受試者與①組的相較，出現了消極負面情緒增加的結果，這點已如先前說過的般，但①組與③組的受試者則沒有出現差異。

在這實驗中所說的「重新審視」，是指重新審視眼前所見的景象，透過改變看法、想法來重新定義。

例如看著憤怒的人，將之重新看待成是「啊～這個人今天一定都碰到不好的事了吧」，或是「早上和太太吵架了吧」，受試者的情緒就會改變。

還有一個關於重新審視的研究希望大家能做為參考。

重新審視的研究②

密西根州立大學的傑森莫澤（Jason Moser）等人進行了一項實驗，讓受試者觀看他們不喜歡的畫面，然後分成以下2組。

① 自問自答：「現在，『我』有何感受？」組

② 在心中以第三人稱說話：「現在，『他・她』有何感受？」組

結果與以第一人稱說話的①組相較，②組與情緒相關的大腦杏仁核活動急遽降低，並壓抑住了情緒。

概括來說，針對自己正在生氣的狀況，只要裝成站在客觀的角度，以「他正在生氣」這樣輕鬆的態度去重新審視情況，就能抑制怒氣。

大腦真的是很複雜奇怪，但又有單純之處。

在被憤怒困住的狀況下，或許要重新審視並不簡單。不過單只是這樣做，就有可能抑制怒氣。

41 優柔寡斷無法做決定

　　有人會覺得自己很優柔寡斷並為此煩惱的吧。想得太多，明明應該要早做決斷的事，不禁就往後拖延了。在覺得「無可奈何」而放棄前，用簡單的行動來控制無法做決定的自己吧。

研究 1 › 仍總是會想增加選項

　　為什麼會優柔寡斷呢？正是因為有著許多難以做出判斷的選項。

　　例如你正考慮要買冷氣。在此有著「實際價值相當於50,000日幣，銷售價也是50,000日幣的冷氣」，以及「實際價值相當於80,000日幣，但銷售價是50,000日幣的冷氣」，若兩者規格條件幾乎都一樣，你應該會選後者吧。

　　也就是說，不論是如何優柔寡斷的人，只要明顯有比較好的選項，一般都會選那個。因為只有難以做出選擇的選項，才會優柔寡斷。

　　而增加選項正是人的本能。

　　人是能察覺危險、容易感受到不安的生物，無論如何都會介意像是「要是買了卻立刻後悔怎麼辦？」這類事情。因此，像是要買冷氣時，為了避免後悔，就會在網路上先調查，或是實際走訪各家電器行，自己增加選項。

研究 2 › 深思熟慮沒有意義

因為不安，就增加選項，仔細思考。或許大家會覺得，這是很理所當然的，一點問題也沒有。但若是「深思熟慮後也沒用」呢？

？ 深思熟慮的研究

荷蘭拉德堡德大學（Radboud University）的戴克斯特豪斯（Dexter House）等人進行了一項實驗，讓受試者從4輛中古車中選買1輛實惠的。在向受試者一一說明4輛車的規格後，將他們分成以下2組。

① 深思熟慮選擇組

② 選擇時間較少組……有限制時間而且必須完成解謎的課題才能討論

首先在針對4個特徵說明規格時，①組幾乎所有人、②組超過半數的人實際上都成功選買了1輛實惠的車。若單只看這結果，就會認為，深思熟慮真的是正確的嗎。

接下來，戴克斯特豪斯等人說明了12個特徵。結果①組實際只留下了25%的人選買了實惠的一輛車。也就是說，和胡亂選擇的機率相較並沒有變。

而驚人的是，②組有60%的人都能選買到實惠的一輛車。深思熟慮後才做出選擇的組明顯慘敗。

也就是說，只要限定選項，或許仔細思考就會奏效，但選項多的狀況則不限定於此。而如同先前提到的，人是在做決定前會想增加選項的生物。

第 4 章　心理上的懶懶散散　**189**

不 要 增 加 選 項

　　雖然選項只有1個有缺點，但就算要增加也要嚴格篩選。如同戴克斯特豪斯等人實驗結果所表明的，增加到4個是比較有效的行動，會更能選出恰當的選項。

　　在戴克斯特豪斯等人的實驗中，一旦將選項增加到12個，②組之所以能做出更正確的判斷是有原因的。因為時間比較少，「無法全看完」，所以就好的意義上來說，只看重要部分規格的受試者就增加了，我們認為就是這個原因。

　　只要冷靜思考一下就知道，深思熟慮的①組受試者也能看出「重要的部分」以及「不重要的部分」，但「選項增加過多」，就會障蔽了人的判斷力。

決 定 好 決 斷 的 規 則

　　真正優柔寡斷的人或許連要做出「減少選項」這舉動都很難。

　　這時候，可以大致決定好「這時候就要這樣做」這樣的決斷規則。例如去到頭一次去的餐廳時，若困惑於不知道要點什麼菜好，就點菜單上左邊最上面的。

　　這樣說，或許有人會覺得：「要是餐廳的菜單還好，那會不會在其他重大決斷上無法順利做決定？」但是不一定會這樣。芝加哥大學的列維特（Steven David Levitt）等人發表了關於人的決斷與其滿足度的研究。

關於決斷與滿足度的研究

列維特等人讓受試者在網上寫下無法決定的事，然後在畫面上製作了投硬幣的「投硬幣網站」，並給出指示，若是出現了正面的硬幣就去「實行」，若是出現反面就「不實行」。

在這網站上被寫入最多的就是「是否要辭去現今的工作」，其次是「是否要離婚」這類在人生決斷中非常沉重的內容，這點讓他很驚訝。而居然有63%的人會遵從投硬幣的結果去行動。

接著，他調查了之後的幸福度發現，人們並沒有因為決斷的內容而受到影響。不論投硬幣的結果如何，為了解決煩惱而做出某些行動的人，半年後的幸福度都提高了。

誠如在項目㊳「總是會自責」（第174頁）說明到的那樣，在短期內，人總會記得「失敗經驗」的後悔。就長期來看，人總會後悔「不去行動」，而且對於不去行動的後悔會有年年增加的趨勢。

也就是說，對於幸福度的影響，不論選項為何，「做出決斷」都會比「該做什麼決斷好呢」更大。

因選項太多而困擾時，可以利用投硬幣、鬼腳圖，又或是若則計畫法（第65頁）等既定的規則，總之最好是「做出決斷」。

當然，就機率來說，幸福度是容易變高，但也有可能因為這個決斷而遭受痛苦。可是若不做出決斷，也可能會有相同的痛苦，既然這樣，就做出決定吧！這麼一來，精神上也能暢快許多。

無法停止去嫉妒他人

　　有沒有人有認知到「自己嫉妒心很重」的？有著嫉妒心很重的自我認知的人，雖會意識到「嫉妒不好」，但無論如何還是會嫉妒。

　　人是無法停止將自己與他人做比較的生物。不過，比較後認知到對方是處在比自己更高的地位，並不等於去嫉妒對方。該怎麼自我控制才能不心懷嫉妒呢？

研究 1 > 嫉妒並非是不必要的情緒

　　嫉妒這種情緒對人來說是不可或缺的。

　　根據演化心理學（第165頁）的說明，這個情緒是能防範會妨礙自己後代繁榮的行動力源頭。**透過厭惡、攻擊比自己更有魅力的存在，就能提高自己後代繁榮的可能性**。所以嫉妒和憤怒一樣，是自我防衛本能的表現，對人類來說，是不可或缺的情緒。

　　不過像這樣以嫉妒為動力來行動時，必須要有「要努力不輸給那個競爭對手」的積極行動。沮喪著「反正我就是……」、自我傷害，又或是為排除掉競爭對手而演變成暴力，那就是一大問題了。嫉妒也像憤怒一樣，既有優點也有缺點。

在心理學中，會引發積極正面行動的嫉妒為「良性嫉妒」，不會的嫉妒則稱為「惡性嫉妒」。

雖說嫉妒有好處，但就像嫉妒這個詞給人的印象不太積極正面一樣，在許多時候，人的嫉妒心會比較偏向於「惡性嫉妒」，有很高可能性會帶給身心不良影響。

關於嫉妒的研究

瑞典哥特堡大學（Göteborgs universitet）的約翰森（Johansson）等人進行了一個非常重要的研究，他們針對居住在瑞典的800名女性（在研究開始的1968年時，平均年齡約46歲）進行歷時38年的追蹤調查。

根據這項研究結果顯示，有著容易心懷憤怒、不安、嫉妒等傾向的女性，罹患阿茲海默型失智症的風險較高。約翰森等人指出，男性有相同傾向者也可看出這點，所以嫉妒心有可能會對長期的健康有很大影響。

此外，在東芬蘭大學的內烏沃寧（Elisa Neuvonen）等人的研究中也指出，傾向於對他人懷抱不信任感的人，罹患失智症的風險約為常人的3倍。

從這些研究看來，最好還是不要嫉妒才不會造成健康面上的風險。

自我控制 **1**
Self-affirmation

Self-affirmation是「自我肯定」的英文，是被證實有效的調整心態法。這不是單純在肯定自我，而是按照著一定的形式來述說自己的事。如今已被證實有各式效果，也能有效減輕嫉妒心。

例如若根據史丹佛大學的柯恩（Cohen）與加州大學聖巴巴拉分校的謝爾曼（Sherman）的研究，要先說對自己很重要的事。

「我很重視跳舞。跳舞是我的熱情、人生。跳舞的舞台是我第二個家，跳舞的團隊是我的第二個家族。但是家人更重要，沒有家人就活不下去。」

要像這樣，可以寫在紙上表現出來。

做法會根據不同研究者而多少有點差異，但進行自我肯定時，大致上一樣的部分是不要寫疾病等負面消極的事，要想像想成為怎樣的自己，只寫正面的事情。

而且要盡可能用現在進行式或現在的狀態來表現。最近網路上也增加了介紹「肯定」的網站，請試著參考。

自我控制 2 把看似會嫉妒的對象抬高到「上層」來看待

以下要來介紹東京大學田戶岡等人關於嫉妒與羨慕的有趣研究。

關於運動感覺與嫉妒・羨慕的研究

田戶岡等人針對「自我他者概念與上下運動感覺對嫉妒與羨慕產生的影響」進行了研究。

簡要來說，該研究內容就是，進行把某物品「往上抬」或是「往下放」的運動的感覺，與「往上看人」「往下看人」的情感有關連性，這個實驗就是跟這有關的。

實驗中，對把寫有「自己」及「他人」卡片的位置往上放的動作與往下放的動作進行了比較。結果，進行把「他人」往上放的動作時

會出現可以被稱之為良性嫉妒的「羨慕」情緒會更顯著於進行把「自己」往下放這個動作時所出現的、可以被稱之為惡性嫉妒的「嫉妒」情緒。

嫉妒某人時，就可以把那個人的名字寫在紙上舉高著看，這麼一來就有可能轉變成是羨慕這種「良性嫉妒」。

此外，也有研究指出，只要把東西高舉到視線之上來思考，就容易想起正面積極的事，若是放下到視線下方來思考，則容易想起負面消極的事。

湧現出嫉妒這情緒時，或許也可以先抬頭看看天空。

43

明明不想看，卻又總是在意那些負面的新聞

有人總是會去看那些消極負面的新聞。又或者有很多人都會覺得社會上淨是些消極負面的消息。的確，總是在看這些新聞對心理健康不好，但若都不在意新聞，就危機管理來說也有缺點。

那麼，我們要如何面對這些黑暗的新聞比較好呢？

研究 **1** ＞ **因為 C O V I D - 1 9 ，全世界的陰暗新聞增加了**

根據Yahoo! JAPAN研究所與慶應義塾大學的大越等人所進行的研究指出，將2020年雅虎的搜索查詢（使用者搜尋時使用的單詞或單詞組合）進行評分後可發現，受到COVID-19第一波與第二波的影響，日本人有段時期的意志非常消沉。

觀察全世界，在歐美的SNS上，「doomscrolling」這個詞備受矚目。如字面上意思，意指在「絕望」中「滑動」。也就是說，一直處在滑動、觀看拍攝黑暗新聞的畫面的狀況中。

稍微有點過於耿直、有著理想主義與強烈正義感傾向的人要注意，不要一直去看那些容易看到負面資訊的SNS以及網路新聞。

此外，世界上的其他人也不會如自己所想的那樣去行動。重新接受這樣理所當然的事實，只要能想著「人生就是這樣」「人就是這樣啊」「反正明年就不會在意這些事了」，就會感到輕鬆不少。

自我控制 **1** 去看不見 SNS 或手機的地方吧

如果不想接觸到負面資訊，建議把手機放到看不見的地方。

一直將手機放在身旁的缺點不是只有被負面新聞牽動情緒。透過實驗已經得知，那還會消耗大腦的資源，讓注意力變得散漫。

> **？ 帶著手機時的大腦研究**
>
> 瓦德等人透過研究發現，要專注在某件事上或是做出決定時，單是把手機放在身邊，注意力就會比不放在身邊時變得散漫。因為會去在意電話響或是郵件、訊息的提醒聲。

大腦很不擅長於處理多重任務，所以針對現今正在做的事，就無法有效地使用大腦。透過把手機放在看不見的地方，除了能遠離黑暗的新聞，也能提升工作效率。

自我控制 2　想著「和我沒關係」

在紐約大學鍾等人的實驗中得出了一項結果，只要想著黑暗的新聞和自己無關，就不會受到黑暗新聞的影響。

> ### ❓ 關於負面資訊的研究
>
> 這個研究是，電擊在迷宮中的老鼠，讓牠們學習需要與不需要的資訊，然後檢測牠們的腦部。進行這個訓練後可以發現，老鼠在其他事情上的表現也有提升。

問問自己，眼前的資訊是需要的還是不需要的呢？試著進行判斷不需要黑暗的新聞並想著「與我無關」的訓練吧。這麼一來，就不會受到對自己來說感覺是不需要的負面資訊影響。一天只要練習30分左右，效果就能持續數週。請務必試試看。

44

無法拒絕不想去的邀約

因為面對COVID-19的價值觀不一樣，應該有人實際有感受到麻煩事變多了。例如自己想待在家，但不在意COVID-19的朋友卻來邀自己出去玩而感到困擾，各位是否有過這樣的經驗？

此外，即便是在新冠肺炎之禍之前，一定也有不少人是推拒不了不太感興趣的飲酒會邀約，而百無聊賴地與人來往。

面對不太感興趣的邀約時，到底該擺出什麼樣的態度才是正確的做法呢？

研究 1 > 即便是工作上的飲酒會，拒絕的人也很多

日本Trend-Research（トレンドリサーチ）以及「DIAMOND online」共同進行了一項調查，以1,020名20～70歲世代男女為對象，進行了關於「不想去的飲酒會」問卷調查。

根據問卷調查顯示，針對「不想去上司邀約的飲酒會時怎麼辦？」這個問題，有70.3％的人回答「表現出一臉的深感抱歉並拒絕」「斷然拒絕」，客戶來邀約去飲酒會時，有61.2％的人回答「表現出一臉的深感抱歉並拒絕」「斷然拒絕」。

拒絕上司的邀約居然有7成，而即便是客戶，也有6成的人會拒絕飲酒會的邀約。這數字不是挺高的嗎？

強迫「喝酒交流」是不好的，除了這樣的印象正不斷擴大，或許還

有加上這問卷是在容易拒絕餐會的新冠肺炎之禍期間進行（調查期間為2021年3月15日～3月19日）的有關。

研究 2 ▸「拒絕」給人的印象並沒有那麼壞

而且，在上述調查的「對下屬拒絕上司邀約這件事有何想法？」的提問中，回答「可以依自己決定」的人高達78.0％。

有近8成的人都有意識到，即便是公事上的飲酒會也能自由參加，並不會覺得「拒絕邀約＝給人不好印象」。這個數字也可以說是讓人感受到了，這是重視起私生活的時代潮流。

自我控制 1　重新明確看待無法拒絕的原因

看了上述的資料後就會發現，即便拒絕了不想去的飲酒會，似乎也比想像中來得更沒什麼問題。

當然，取決於不同的時間、地點、對象，或許也有「絕對無法拒絕的飲酒會」。可是其實，就算討厭也必須要去參加的飲酒會並沒有那麼多，只要這樣想，就會稍微輕鬆點。

因此，首先來冷靜想一下「為什麼不能拒絕呢」。

為什麼會去參加不想去的飲酒會呢？因為不想被討厭？因為不想被認為是不合群的人？因為不想破壞和諧氣氛？

若不弄清楚這點，就單純只會留下「被邀約去討厭的飲酒會了」這樣負面的感受，但只要將原因可視化，透過重新看待（第186頁），就能如以下的例子般，將之解釋為是正向的。

▼ 重新正向看待的例子

①「不想因拒絕而被討厭」→「參加了就會提升好感度」

②「不想被認為是不合群」→「可以展現出自己是很合群的人」

③「不想破壞和諧的氣氛」→「能和大家一起參加，不破壞和諧氣氛，真開心」

只要像這樣重新看待，也就不覺得討厭的飲酒會有那麼討厭了，而且也能樂在其中。

此外，除了自己，還有很多其他人會去參加飲酒會，所以會有自己無法掌控的部分，所以或許也有聚會是就算修正自己的看法也無法提振心情的。這時候就回想起先前的資料吧。有近8成的人都覺得「可以靠自己決定」，所以若真覺得不開心，拿出勇氣拒絕也是一個選項。

自我控制 2　**以 金 錢 為 由 來 拒 絕**

即便要拒絕邀約，應該也有人會煩惱於不知道該怎麼說明原因。這時候，比起拿「時間」當理由，直接以「金錢」為由會比較好，以下就來介紹相關研究結果。

？ 關 於 拒 絕 邀 約 的 理 由 的 研 究

俄亥俄州立大學唐納利（Donnelly）等人以200人為對象，進行了關於「拒絕邀約的理由」的調查。結果發現，以沒時間為由拒絕時，帶給對方的衝擊會比以沒錢為由來拒絕時高出2倍。

因為人會覺得，時間應該比金錢更好控制。

在論文中有敘述到，一般都會認為以時間為由來拒絕會比較好，但實際上試著進行了實驗後發現，結果卻是相反的。

若以時間為由來拒絕，那麼只要時間能配合得到就能去了，這樣的理由將只能用在當天。可是若以金錢問題為由，就比較能長期性地拒絕，所以是一大優點。

或許有人會覺得以金錢為由有點難為情，但只要這能成為讓邀約對象想反過來支持你的理由就好。就試著傳達出像是想要去旅行、想考取證照、想孝順父母所以正在存錢的訊息吧，各位覺得如何呢？

45 不論做什麼都覺得麻煩

結束一天時，反省著自己處在什麼都沒做的狀態下，就只是「懶懶散散」的耗時間，像這樣的日子是否增加了呢？

若一直覺得「好麻煩」而總是在睡覺，不論是工作還是私生活都會變得沒有樂趣，每天也都提不起勁來。

或許有人是因著新冠肺炎之禍而使得興趣、學習、工作都無法如預期進行，所以錯失了時機，至今仍無法找回幹勁。

研究 **1** › **要打開幹勁開關，就只能行動**

要刺激大腦的幹勁開關「依核」，就只能活動身體，動起來。

只要開始去做，開關就會自動打開。不論是為了逃避現實而開始沉迷於遊戲中，還是因為討厭唸書而開始整理房間，都是因做出了行動而刺激了依核。

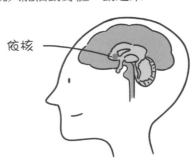

依核

減少「該做事項」的選項

在此總結介紹過的知識，以能做到「實際的行動」。

首先應該有人是處於認為「非做不可」而想太多、不知道從什麼地方開始著手的狀態。

請回想起項目㊶「優柔寡斷無法做決定」（第188頁）的拉德堡德大學戴克斯特豪斯等人所進行的關於深思熟慮的研究。不同物品若是有4項不同特色，人還能恰當地深思熟慮，但若增加到12個，思考就會突然變遲鈍。

因此，處在什麼都做不了狀態的人就先寫出全部的「該進行任務」，然後從中單選出特別重要的來吧。其他的任務可以往後推。任務較少較好，所以請盡可能縮小、集中。若只有這樣就可以，應該就會想著「試著做做看」了。

例如不擅整理的ADHD型人，只要想著「一定要整理」，有時就會不知道該從哪裡著手好而變得什麼都做不了。因此只要把範圍縮小為一處，像是「今天只要來整理桌子就好」，就能進行整理了。

總之就是縮小、集中選項。

若要從許多選項中做選擇很難，也可以利用投硬幣或鬼腳圖(爬梯遊戲)來做選擇。

此外，根據荷蘭萊頓大學（Universiteit Leiden）倫特（Lent）以及鹿特丹伊拉斯姆大學（Erasmus Universiteit Rotterdam）索夫林發表的研究指出，比起有野心的目標，設定合適的目標，表現會更好。就這意義來說，也很推薦設立小目標，一點一滴地去達成。

將能幹的人的行動「複製貼上」

關於喚起幹勁的方法，有項很有意思的研究。這項研究就是將認識的人所實現的目標「複製貼上」。也就是說，是「去模仿」的意思（在論文中，實際上是使用「copy-and-paste」這個詞）。

> ### 能達成目標的研究
>
> 賓州大學的米爾（Elana Meer）等人針對超過1,000名的對象進行調查，研究關於運動習慣與達成目標間的關係。報告指出，只要如實模仿周遭成功養成運動習慣的人的目標設定法以及達成方法，自己也能養成運動習慣，且容易達成自身的目標。

筆者堀田對此也有強烈的共鳴。其實在研究所時期，我就會配合訂為目標、崇拜的優等生學長的行程表——從用餐時間到進出圖書館的時間——，託此之福，我克服了怠惰的習慣，能專心學習。我成了同學年留學生中最年輕的，也是學年中以最快速度結束了要取得博士稱號所必需的兩個重大考試。

在米爾等人的實驗中，運動是最乏味的，往往都會只有三分鐘熱度，可是連這種事都能提升目標的達成度。若是其他日常事項，應該會更容易達成。所以請務必一試。

不逃避負面消極的未來，就能提高自我控制力

謝謝各位讀到最後。

各位讀了本書後有什麼樣的感想呢？

本書之所以有這些豐富的內容，要歸功於作者之一的木島豪醫師。

除了理所當然地跟進醫學上的知識，另一名作者堀田則是獲得了一項重大發現，那就是總是鼓勵人做肌力訓練的年輕木島醫師，竟然很討厭運動。

每天都不會懈怠於運動的木島醫師竟然討厭運動！這事實真是令人感到衝擊。

而醫師之所以能持續努力的原因其實非常簡單，就是「逼真地想像未來」。

不運動的結果、不努力工作的結果、隨心所欲攝取脂肪與糖的結果……只要能逼真地想像這些糟糕的未來，然後相反地也逼真地想像努力後的美好未來，就能持續討厭的運動。

其實在美國霍華德・休斯醫學研究所（Howard Hughes Medical Institute）貝特利等人的腦科學研究報告指出，當獲悉有長期的負面影響後，食慾就會被抑制，所以說這樣的觀念是正確的。

透過直視、不逃避負面消極的事物，就會覺得「我真討厭這樣的未來」而發揮強制力。重點是，要想像若這樣下去，就會出現糟糕的、對實質有害的未來，而非想變成那樣的理想未來。

的確，單靠「想變成這樣」的理想，很多時候都無法做出行動，因

為人本來都會把應對不安當作行動的原理，這是一個可以理解的道理。

雖然動起來的「第一步」很困難，但只要使用輔助踏板，就能自我控制

自我控制是要對抗萎鈍的努力。

人這種生物，從出生瞬間起就在往死亡靠近。

雖然我們已經發現，關於大腦學習等一部分的機能到了老年期仍舊會持續成長，但自二十多歲以後，各種機能就會開始衰退。

若體力衰退了，精力自然也會衰退。

因為「身體在前，大腦在後」，所以若沒有比年輕時更活動，大腦所受到的刺激就會減少，身心都會變弱。

若完全不運動，肌肉就會衰退，這點大家很簡單就能想像得到，但是這不僅是肌力的問題。

若怠慢於努力讀書或工作，該項能力就會衰退。如果不與人交往，交流能力就會變弱。若完全不與人來往，不去閱讀、看電影或玩遊戲，豐富的感受力就會變遲鈍。

可是很遺憾，世界上所有人都無法持續這樣的努力。

所謂的「自我控制」，就是能夠讓人不嫌麻煩地進行這種艱苦努力的能力。

不過，若說「雖然要提高自我控制力很辛苦，但讓我們努力吧」，這樣未免太理想化了。

因此就有了本書的企畫。

雖然要將持續努力這件事簡單化很難，但我們希望準備好輔助踏板，以盡可能降低「第一步」階段的高度。我們寫作這本書的目的，就是希望透過這樣，讓活出更美好人生的人增加。

因此，本書中介紹到的自我控制術，盡量挑出了難度較低的部分。

努力的階段設計得非常刁難，最初的第一階很高，但第二階之後就沒有那麼高的差距了。

只要開始行動，就會刺激大腦的依核，打開幹勁開關，就能不那麼辛苦地持續往上。

而誠如本書中所介紹到的，有研究表明，人比起做過的事會對沒去做的事更後悔。什麼都別去想地開始去做最重要。

「雖然麻煩，但還是來運動吧」「雖然還想再看一點SNS，但還是這樣就好，先回去工作吧」，希望像這樣能跨越到更高一階段的人會增加。

話說回來，能將這本書閱讀到最後本身已經是開始的第一步了，說不定還能輕鬆轉變成能自我管理的人。

那麼，以Discover 21的負責編輯·小石先生為首，我們要感謝所有相關人士、閱讀到此的各位讀者們，並在此擱筆。

堀田秀吾·木島豪

參 考 文 獻 清 單

- Aarts, H., Custers, R., & Marien, H. （2008）. Preparing and motivating behavior outside of awareness. Science,319（5870）, 1639.

- Anderson, C., & Kilduff, G. J. （2009）. Why do dominant personalities attain influence in face-to-face groups? The competence-signaling effects of trait dominance. Journal of Personality and Social Psychology, 96（2）, 491–503.

- Anderson, E. A., Johnson, R. A., McKinney, C., & Meadows, R. A. （2005）. Neurohormonal Responses to Human-Animal and Human-Robotic Dog Interaction. Poster presented at The International Society for Anthrozoology 14th Annual Conference, July 11-12, 2005, Niagara Falls, NY.

- Ariely, D., & Wertenbroch, K. （2002）. Procrastination, deadlines, and performance: self-control by precommitment. Psychological Science, 13（3）, 219–224.

- Askelund, A. J., Schweizer, S., Goodyer, I. M., & van Harmelen, A. L. （2019）. Positive memory specificity reduces adolescent vulnerability to depression. Nature Human Behaviour, 3, 265-273.

- 馬路泰蔵（1988. 下宿学生の自炊の仕方と食事内容. 栄養学雑誌, 46（3）, 129-138。

- 伴祐樹、櫻井翔、鳴海拓志、谷川智洋、廣瀬通孝（2016）「時計の表示時間速度 制御による単純作業の処理速度向上手法」，日本バーチャルリアリティ学会論文誌, 21（1）, 109-120。

- Betley, J. N., Xu, S., Cao, Z., Gong, R., Magnus, C. J., Yu, Y., & Sternson, S. M. （2015）. Neurons for hunger and thirst transmit a negative-valence teaching signal. Nature, 521（7551）, 180–185.

- Blechert, I., Sheppes, G., Di Tella, C., Williams, H., 8: Gross, I. I. （2012）. See what you think: Reappraisal modulates behavioral and neural responses to social stimuli. Psychological Science, 23（4）, 346-353.

- Bönstrup, M., Iturrate, I., Thompson, R., Cruciani, G., Censor, N., & Cohen, L. G. （2019）. A Rapid Form of Offline Consolidation in Skill Learning. Current Biology, 29, 1346-1351.

- Borkovec, T. D., Hazlett-Stevens, H., and Diaz, M. L. （1999）. The role of positive beliefs about worry in generalized anxiety disorder and its treatment. Clinical Psychology & Psychotherapy, 6（2）, 126–138.

- Brooks, A. W. （2013）. Get Excited: Reappraising Pre-Performance Anxiety as Excitement, Journal of Experimental Psychology, General, 143（3）, 1144–58.

- Bryan, J. F., & Locke, E. A. （1967）. Parkinson's law as a goal-setting phenomenon. Organizational Behavior &Human Performance, 2, 258–275.

- Bunzeck, N., & Duzel, E. （2006）. Absolute coding of stimulus novelty in the human substantia Nigra/VTA.Neuron, 51: 369–379.

- Bushman, B. J., Baumeister, R. F., & Stack, A. D. （1999）. Catharsis, aggression, and persuasive influence: Selffulfilling or self-defeating prophecies? Journal of Personality and Social Psychology, 76（3）, 367-76.

- Bushman, B. J., DeWall, C. N., Pond, R. S. Jr., & Hanus, M. D. （2014）. Low glucose relates to greater aggression in married couples. Proceedings of the National Academy of Sciences, 111, 6254-6257.

- Cai, W., McKenna, B., & Waizenegger, L. （2019）. Turning It Off: Emotions in Digital-Free Travel. Journal of Travel Research, 59, 909 - 927.

- Chabris, C., & Simons, D. （2010）. The Invisible Gorilla: And Other Ways Our Intuitions Deceive Us. Crown Publishers/Random House.

- Chastin, S., McGregor, D., Palarea-Albaladejo, J., Diaz, K. M., Hallal, P. C., van Hees, V. T., Hooker, S., Howard, V.J., Lee, I-M., von Rosen, P., Sabia, S., Shiroma, E., Yerramalla, M. S., & Dall, P. （2021）. Joint association between accelerometry-measured daily combination of time spent in physical activity, sedentary behaviour and sleep and all-cause mortality: a pooled analysis of six prospective cohorts using compositional analysis. British Journal of Sports Medicine, 55, 1277-1285.

- Chau, J. Y., Grunseit, A. C., Chey, T., Stamatakis, E., Brown, W. J., Matthews, C. E., Bauman, A. E., and van der Ploeg, H. P. （2013）. Daily Sitting Time and All-Cause Mortality: A Meta-Analysis. PLOS ONE, 8

（11），e80000.

· Chen, R. C., Lee, M. S., Chang, Y. H., & Wahlqvist, M. L.（2012）. Cooking frequency may enhance survival in Taiwanese elderly. Public Health Nutrition, 15（7）, 1142–1149.

· Chung, A., Jou, C., Grau-Perales, A. Levy, E. R., Dvorak, D., Hussain, N., & Fenton, A. A.（2021）. Cognitive control persistently enhances hippocampal information processing. Nature, 600, 484–488.

· Cohen, G. L., & Sherman, D. K.（2014）. The psychology of change: self-affirmation and social psychological intervention. Annual Review of Psychology, 65, 333–371.

· Dijksterhuis, A., Bos, M. W., Van Der Leij, A. & Van Baaren, R. B.（2009）. Predicting Soccer Matches After Unconscious and Conscious Thought as a Function of Expertise. Psychological Science, 20, 1381–1387.

· Donnelly, G. E., Wilson, A. V., Whillans, A. V., & Norton, M. I.（2019）. Communicating Resource Scarcity. Harvard Working Paper, January 2019.

· Doumit, R., Long, J., Kazandjian, C., Gharibeh, N., Karam, L., Song, H., Boswell, C., & Zeeni, N.（2016）. Effects of Recording Food Intake Using Cell Phone Camera Pictures on Energy Intake and Food Choice. Worldviews on Evidence-based Nursing, 13（3）, 216–223.

· Dutcher, E. G.（2012）. The effects of telecommuting on productivity: An experimental examination. The role of dull and creative tasks. Journal of Economic Behavior & Organization, 84（1）, 355-363.

· Fan, R., Varol, O., Varamesh, A., Barron, A., van de Leemput, I. A., Scheffer, M., & Bollen, J.（2018）. The minutescale dynamics of online emotions reveal the effects of affect labeling. Nature Human Behaviour, 1, 92–100.

· Ferrari, J. R., and Ticeb, D. A.（2000）. Procrastination as a Self-Handicap for Men and Women: A Task-Avoidance Strategy in a Laboratory Setting. Journal of Research in Personality, 34（1）, 73-83.

· Festinger, L.（1954）. A theory of social comparison processes. Human Relations, 7, 117–140.

· Finch, L. E., Tomiyama, A. J., & Ward, A.（2017）. Taking a Stand: The Effects of Standing Desks on Task Performance and Engagement. International Journal of Environmental Research and Public Health, 14（8）, 939.

· Galoni, C., Carpenter, G. S.,& Rao, H.（2020）. Disgusted and Afraid: Consumer Choices under the Threat of Contagious Disease. Journal of Consumer Research, 47（3）, 373–392.

· Garaus, C., Furtmüller, G., & Güttel, W. H.（2016）. The hidden power of small rewards: The effects of insufficient external rewards on autonomous motivation to learn. Academy of Management Learning & Education, 15（1）,45–59.

· Geiselman, P. J., Martin, C., Coulon, S., Ryan, D., & Apperson, M.（2009）. Effects of chewing gum on specific macronutrient and total caloric intake in an afternoon snack. Federation of American Societies for Experimental Biology Journal, 23, 101.3.

· Gibbs, M., Mengel, F. & Siemroth, C（2021）. Work from Home and Productivity: Evidence from Personnel & Analytics Data on IT Professionals. University of Chicago, Becker Friedman Institute for Economics Working Paper, No. 2021-56.

· Gilovich, T. & Medvec, V. H.（1994）. The temporal pattern to the experience of regret. Journal of Personality and Social Psychology, 67（3）, 357–365.

· Gollwitzer, P. M.（1993）. Goal achievement: The role of intentions. European Review of Social Psychology, 4,141-185.

· Guan Y, & Duan W.（2020）. The Mediating Role of Visual Stimuli From Media Use at Bedtime on Psychological Distress and Fatigue in College Students: Cross-Sectional Study. JMIR Mental Health, 7（3）, e11609.

· Guglielmo, S., & Malle, B. F.（2019）. Asymmetric morality: Blame is more differentiated and more extreme than praise. PLoS ONE, 14（3）, e0213544.

· Haghayegh, S., Khoshnevis, S., Smolensky, M. H., Diller, K. R., & Castriotta, R. J.（2019）. Before-bedtime passive body heating by warm shower or bath to improve sleep: A systematic review and meta-analysis. Sleep Medicine Reviews. 46, 124-135.

· Hamermesh,D.（2010）.Beauty pays.Maastricht University. https://doi.org/10.26481/spe.20100415dh

· Han, D. H., Kim, S. M., Lee, Y. S., & Renshaw, P. F.（2012）. The effect of family therapy on the changes in the severity of on-line game play and brain activity in adolescents with on-line game addiction. Psychiatry Research, 202（2）, 126–131.

· Heller, A.S., Shi, T.C., Ezie, C.E.C., Reneau, T. R., Baez, L .M., Gibbons, C. J., & Hartley, C. A.（2020）. Association between real-world experiential diversity and positive affect relates to hippocampal–striatal functional connectivity. Nature Neuroscience, 23, 800–804.

· Helton, W. S. and Russell, P. N.（2015）. Rest is best: The role of rest and task interruptions on vigilance. Cognition, 134, 165–173.

· 平井花朋、叶少瑜（2019）。Twitter における不快な投稿が友人関係に影響を及ぼすのか？社会的寛容性と社会関係資本の構築という視点から。電子情報通信学会技術研究報告, 118（437）, 19-24。

· 平松隆円（2011）。「 男性による化粧行動としてのマニキュア塗抹がもたらす感情状態の変化に関する研究」仏教大学教育学部学会紀要仏教大学教育学部学会, 10, 175-181。

· 廣瀬文子、長坂彰彦「短時間休憩後の覚醒度上昇方法に関する実験的検討」電力中央研究所報告Y研究報告。（05012）, 1-27, 巻頭1-4。

· Hunt, M. G., Marx, R., Lipson, C., & Young, J.（2018）. No more FOMO: Limiting social media decreases loneliness and depression. Journal of Social and Clinical Psychology, 37, 751–768.

· 稲垣宏之、山本貴之、下間早織、森貞夫、守田稔、伊藤明子、間藤卓（2020）。

· 健康な成人におけるぶどう糖ラムネ菓子摂取によるワーキングメモリーと注意力の改善 - ランダム化二重盲検プラセボ対照クロスオーバー比較試験。薬理と治療48（4）, 599-609。

· Johansson, L., Guo, X., Duberstein, P. R., Hällström, T., Waern, M., Ostling, S., & Skoog, I.（2014）. Midlife personality and risk of Alzheimer disease and distress: a 38-year follow-up. Neurology, 83（17）, 1538–1544.

· Kang, J., Seo, D., Cho, J., & Lee, B.（2018）. Effectiveness of Breathing Exercises on Spinal Posture, Mobility and Stabilization in Patients with Lumbar Instability. Journal of The Korean Society of Physical Medicine. n. page.

· Kelly, Y., Zilanawala, A., Booker, C., & Sackesr, A.（2018）. Social Media Use and Adolescent Mental Health:Findings From the UK Millennium Cohort Study. EClinicalMedicine, 6, 59-68.

· Kim, S., Park, Y., & Niu, Q.（2016）. Micro-break activities at work to recover from daily work demands. Journal of.Organizational Behavior, 38, 28–44.

· Kofler, M. J., Sarver, D. E., Harmon, S. L., Moltisanti, A., Aduen, P. A., Soto, E. F., & Ferretti, N.（2018）. Working memory and organizational skills problems in ADHD. Journal of Child Psychology and Psychiatry, and Allied Disciplines, 59（1）, 57–67.

· Koopmann, A., Lippmann, K., Schuster, R., Reinhard, I., Bach, P., Weil, G., Rietschel, M., Witt, S. H., Wiedemann,K., & Kiefer, F.（2017）. Drinking water to reduce alcohol craving? A randomized controlled study on the impact of ghrelin in mediating the effects of forced water intake in alcohol addiction. Psychoneuroendocrinology. 85,56-62.

· Kornell, N., & Bjork, R. A.（2008）. Learning concepts and categories: Is spacing the "enemy of induction"?Psychological Science, 19, 585–592.

· Kuhl, P. K., Tsao, F.-M. & Liu, H.-M.（2003）. Foreign-Language Experience in Infancy Effects of Short-Term Exposure and Social Interaction on Phonetic Learning. Proceedings of the National Academy of Science, 100,9096- 9101.

· Lee, I. M., Shiroma, E. J., Lobelo, F., Puska, P., Blair, S. N., & Katzmarzyk, P. T., Lancet Physical Activity Series. Working Group（2012）. Effect of physical inactivity on major non-communicable diseases worldwide: an analysis of burden of disease and life expectancy. Lancet, 380, 219–229.

· Lee, S., Ishibashi, S., Shimomura, Y., & Katsuura, T.（2012）. Physiological functions of the effects of the different bathing method on recovery from local muscle fatigue. Journal of Physiological Anthropology, 31（1）, 26.

・Levitt, S. D.（2016）. Heads or Tails: The Impact of a Coin Toss on Major Life Decisions and Subsequent Happiness. NBER Working Paper, No. 22487.

・Lewin, K.（1926）. Vorsatz, Wille und Bediirfnis. Psychologische Forschung, 7,330-385.

・Libet, B., Gleason, C. A., Wright, E. W, & Pearl, D. K.（1983）. Time of Conscious Intention to Act in Relation to Onset of Cerebral Activity（Readiness-potential）. Brain, 106, 623-642.

・Ma, X., Yue, Z., Gong, Z., Zhang, H., Duan, N., Shi, Y., Wei, G. & Li, Y.（2017）. The Effect of Diaphragmatic Breathing on Attention, Negative Affect and Stress in Healthy Adults. Frontiers in Psychology, 8, 874.

・前田健一、円田初美、新見直子（2012）。好きな科目と嫌いな科目の学習方略と自己効力感，広島大学心理学研究，12，45-59。

・Mangen, A., Walgermo, B. R., & Bronnick, K.（2013）. Reading linear texts on paper versus computer screen:Effects on reading comprehension. International Journal of Educational Research, 58, 61-68.

・Mar, R. A., Oatley, K., & Peterson, J. B.（2009）. Exploring the link between reading fiction and empathy:Ruling out individual differences and examining outcomes. Communications. The European Journal of Communication Research, 34, 407-428.

・Matsunaga M, Ishii K, Ohtsubo Y, Noguchi Y, Ochi M, Yamasue H（2017）Association between salivary serotonin and the social sharing of happiness. PLoS ONE, 12（7）, e0180391.

・Matthew, M. S., L., Snyder, P. J., Pietrzak, R. H., Darby, D., Feldman, R. A. & Maruff, P. T.（2011）. The Effect of Acute Increase in Urge to Void on Cognitive Function in Healthy Adults. Neurology and Urodynamics, 30（1）, 183-7.

・Matthews, G.（2015）. Study focuses on strategies for achieving goals, resolutions. A study presented at the Ninth Annual International Conference of the Psychology Research Unit of Athens Institute for Education and Research（ATINER）, Athens, Greece.

・Mehr, K., Geiser, A., Milkman, K., & Duckworth, A.（2020）. Copy-Paste Prompts: A New Nudge to Promote Goal Achievement. Journal of the Association for Consumer Research, 5. 10.1086/708880.

・Mehrabian, A.（1971）. Silent Messages（1st ed.）. Belmont, CA: Wadsworth.

・Mehta, R., Zhu, R. J., & Cheema, A.（2012）. Is noise always bad? Exploring the effects of ambient noise on creative cognition. Journal of Consumer Research, 39（4）, 784–799.

・Michael, J., Sebanz, N., & Knoblich, G.（2016）. The Sense of Commitment: A Minimal Approach. Frontiers in Psychology, 6, 1968.

・Morewedge, C. K., Huh, Y. E., & Vosgerau, J.（2010）. Thought for food: imagined consumption reduces actual consumption. Science, 330（6010）, 1530–1533.

・森敏昭（1980）。文章記憶に及ぼす黙読と音読の効果,教育心理学研究，2，57-61.

・Moser, J. S., Dougherty, A., Mattson, W. I., Katz, B., Moran, T. P., Guevarra, D., Shablack, H., Ayduk, O., Jonides,J., Berman, M. G. & Kross, E.（2017）. Third-person self-talk facilitates emotion regulation without engaging cognitive control: Converging evidence from ERP and fMRI. Scientific Reports, 7（1）, 1–9.

・Motivala, S. J., Tomiyama, A. J., Ziegler, M., Khandrika, S., & Irwin, M. R.（2009）. Nocturnal levels of ghrelin and leptin and sleep in chronic insomnia. Psychoneuroendocrinology, 34（4）, 540–545.

・Mueller, C. M., & Dweck, C. S.（1998）. Praise for intelligence can undermine children's motivation and performance. Journal of Personality and Social Psychology, 75（1）, 33-52.

・Mueller, P. A., & Oppenheimer, D. M.（2014）. The pen is mightier than the keyboard: Advantages of longhand over laptop note taking. Psychological Science, 25（6）, 1159-1168.

・村田明日香（2005）。エラー処理に関わる動機づけ的要因の検討 事象関連電位をどう使うか－若手研究者からの提言（2）。日本心理学会第69回大会。ワークショップ91（慶応義塾大学）2005年9月。

· Nakata, T. （2015）. Effects of expanding and equal spacing on second language vocabulary learning: Does gradually increasing spacing increase vocabulary learning? Studies in Second Language Acquisition, 37 （4）,677-711.

· Nantais, K. M. & Schellenberg, E. G. （1999）. The Mozart effect: An artifact of preference. Psychological Science,10 （4）, 370-373.

· Natsume, M., Ishikawa, H., Kawabe, Y., Watanabe, T., & Osawa, T., （2018）. Effects of dark chocolate intake on Physical Functions in Japanese subjects. Advances in Clinical and Translational Research, 2 （3）, 100012.

· Nestojko, J. F., Bui, D. C., Kornell, N., & Bjork, E. L. （2014）. Expecting to teach enhances learning and organization of knowledge in free recall of text passages. Memory & Cognition, 42 （7）, 1038-1048.

· Nestojko, J. F., Bui, D. C., Kornell, N., & Bjork, E. L. （2014）. Expecting to teach enhances learning and organization of knowledge in free recall of text passages. Memory & Cognition, 42 （7）, 1038-1048.

· Neuvonen, E., Rusanen, M., Solomon, A., Ngandu, T., Laatikainen, T., Soininen, H., Kivipelto, M., & Tolppanen A.-M. （2014）. Late-life cynical distrust, risk of incident dementia, and mortality in a population-based cohort.Neurology, 82 （24）.

· Nguyen, B. T., & Powell, L. M. （2014）. The impact of restaurant consumption among US adults: Effects on energy and nutrient intakes. Public Health Nutrition, 17 （11）, 2445–2452.

· Nittono, H., Fukushima, M., Yano, A., & Moriya, H. （2012）. The power of kawaii: Viewing cute images promotes a careful behavior and narrows attentional focus. PLoS ONE, 7 （9）, e46362.

· Nittono, H., Fukushima, M., Yano, A., & Moriya, H. （2012）. The power of kawaii: Viewing cute images promotes a careful behavior and narrows attentional focus. PLoS ONE, 7 （9）, e46362.

· Nomura, H. & Matsuki, N. （2008）. Ethanol enhances reactivated fear memories. Neuropsychopharmacology, 33 （12）, 2912-2921.

· Oaten, M., & Cheng, K. （2006）. Longitudinal gains in self-regulation from regular physical exercise. British Journal of Health Psychological Society, 11, 717-733.

· Ota, C., & Nakano, T. （2021）. Self-Face Activates the Dopamine Reward Pathway without Awareness. Cerebral Cortex, 31 （10）, 4420–4426,

· Otsuka, T., Nishii, A., Amemiya, S., Kubota, N., Nishijima, T., & Kita, I. （2016）. Effects of acute treadmill running at different intensities on activities of serotonin and corticotropin-releasing factor neurons, and anxiety- and depressive-like behaviors in rats. Behavioural Brain Research, 298 （Pt B）, 44–51.

· Parkinson, C. N. （1958）. Parkinson's Law: The Pursuit of Progress. London: John Murray.

· Pessiglione, M., Schmidt, L., Draganski, B., Kalisch, R., Lau, H., Dolan, R. J., & Frith, C. D. （2007）. How the Brain Translates Money into Force: A Neuroimaging Study of Subliminal Motivation. Science, 11, 316, 904-906.

· Pietschnig, J., Voracek, M., & Formann, A. K. （2010）. Mozart effect–Shmozart effect: A meta-analysis. Intelligence,38 （3）, 314-323.

· Propper, R. E., McGraw, S. E., Brunyé, T. T., & Weiss, M. （2013）. Correction: Getting a Grip on Memory: Unilateral Hand Clenching Alters Episodic Recall. PLoS ONE, 8 （5）, 10.

· Rabin, L. A., Fogel, J., & Nutter-Upham, K. E. （2011）. Academic procrastination in college students: the role of self-reported executive function. Journal of Clinical and Experimental Neuropsychology, 33 （3）, 344–357.

· Raichle, M. E., MacLeod, A. M., Snyder, A. Z., Powers, W. J., Gusnard, D. A., & Shulman, G. L. （2001）. A default mode of brain function. Proceedings of the National Academy of Sciences of the United States of America, 16, 98 （2）, 676-82.

· Ramirez, G., & Beilock, S. L. （2011）. Writing about Testing Worries Boosts Exam Performance in the Classroom.Science, 331, 211-213.

· Randolph, D. D., & O'Connor, P. J. （2017）. Stair walking is more energizing than low dose caffeine in sleep deprived young women. Physiology & Behavior, 174, 128-135.

- Rein, G., Atkinson, M. & McCraty, R.（1995）. The physiological and psychological effects of compassion and anger. Journal of Advancement in Medicine, 8（2）, 87-105.

- Rhee, H. & Kim, S.（2016）. Effects of breaks on regaining vitality at work: An empirical comparison of 'conventional' and 'smart phone' breaks. Computers in Human Behavior, 57, 160-167.

- Riby, L. M.（2013）. The joys of spring: Changes in mental alertness and brain function. Experimental Psychology,60（2）, 71–79.

- Riskind, J. H. & Gotay, C. C.（1982）. Physical posture: Could it have regulatory or feedback effects on motivation and emotion? Motivation and Emotion, 6（3）, 273–298.

- Rosekind M. R., Smith, R. M., Miller, D. L., Co, E. L., Gregory, K. B., Webbon, L. L., Gander, P. H., & Lebacqz, V.（1995）. Alertness management: Strategic naps in operational settings. Journal of Sleep Research, 4（Supplement 2）, 62–66.

- Ruddock, H. K., Long, E. V., Brunstrom, J. M., Vartanian, L. R., & Higgs, S.（2021）. People serve themselves larger portions before a social meal. Science Report, 11, 11072.

- Saito, N., Wakata, T., Terasawa, Y., Oba, K., & Moriguchi, Y.（2012）. An fMRI study on the perception of the harmony of color and fragrance., Association International de la Couleur 2012 Conference Proceedings, 100-103.

- Salas, C., Minakata, K., & Kelemen, W.（2011）. Walking before study enhances free recall but not judgement-oflearning magnitude. Journal of Cognitive Psychology, 23（4）, 507-513.

- Sawyer, R. K., & Berson, S.（2004）. Study group discourse: How external representations affect collaborative conversation. Linguistics and Education, 15（4）, 387–412.

- Scullin, M. K., Gao, C., & Fillmore, P.（2021）. Bedtime Music, Involuntary Musical Imagery, and Sleep. Psychological Science, 32（7）, 985-997.

- Skinner, B. F.（1954）. The science of learning and the art of teaching. Harvard Educational Review, 24, 86.

- Skorka-Brown, J., Andrade, J., & May, J.（2014）. Playing 'Tetris' reduces the strength, frequency and vividness of naturally occurring cravings. Appetite, 76, 161-165.

- Sumioka, H., Nakae, A., Kanai, R. & Ishiguro, H.（2013）. Huggable communication medium decreases cortisol levels. Scientific Reports, 3, 3034. doi:10.1038/srep03034.

- Sun, X., Duan, C., Niu, G., Tian, Y., & Zhang, Y.（2021）. Mindfulness buffers the influence of stress on cue-induced craving for Internet among Chinese colleges with problematic Internet use. Journal of Behavioral Addictions,18. doi: 10.1556/2006.2021.00080. Epub ahead of print. PMID: 34797217.

- 田戸岡好香、井上裕珠、石井国雄（2016）。自己他者概念と上下の運動感覚が妬みと羨望の生起に及ぼす影響，実験社会心理学研究，55，139-149。

- Takahashi, M., Fukuda, H., & Arito, H.（1998）. Brief naps during post-lunch rest: effects on alertness,performance, and autonomic balance. European Journal of Applied Physiology and Occupational Physiology,78（2）, 93-8.

- Taki, Y., Hashizume, H., Thyreau, B., Sassa, Y., Takeuchi, H., Wu, K., Kotozaka, Y., Noichi, R., Asano, M., Asano, K.,Fukuda, H., & Kawashima, R.（2012）. Sleep duration during weekdays affects hippocampal gray matter volume in healthy children. Neuroimage, 60（1）, 471-475.

- 田中辰雄（2020）。ゲームによる学力低下に閾値はあるか-想起による大規模調査。国際大学 GLOCOM DISCUSSION PAPER_No.15（20-001）。

- Tashiro, A., Sakisaka, K., Kinoshita, Y., Sato, K., Hamanaka, S., & Fukuda, Y.（2020）. Motivation for and Effect of Cooking Class Participation: A Cross-Sectional Study Following the 2011 Great East Japan Earthquake and Tsunami. International Journal of Environmental Research and Public Health, 17（21）, 7869.

- 東京ガス都市生活研究所（2011）。「シャワーによる眼の疲労回復効果」都市生活レポート。

- Tromholt, M.（2016）. The Facebook experiment: Quitting Facebook leads to higher levels of well-being.

- Cyberpsychology, Behavior, and Social Networking, 19, 661–666.

· Tullett, A. M. & Inzlicht, M.（2010）. The voice of self-control: Blocking the inner voice increases impulsive responding. Acta Psychologica, 135, 252–256.

· Vohs, K. D., Redden, J. P., & Rahinel, R.（2013）. Physical order produces healthy choices, generosity, and conventionality, whereas disorder produces creativity. Psychological Sciemce, 24（9）:1860-7.

· Ward, A. F., Duke, K., Gneezy, A., & Bos, M. W.（2017）. Brain Drain: The Mere Presence of One's Own Smartphone Reduces Available Cognitive Capacity. Journal of the Association for Consumer Research, 2（2）,140-154.

· Weil, R., Klebanov, S., Kovacs, B., & McClelland, A.（2014）. Effects of simple distraction tasks on self-induced food cravings in men and women with grade 3 obesity. Poster presentation given at Obesity Week Conference, 2014.

· Wilkes, C., Kydd, R., Sagar, M., & Broadbent, E.（2017）. Upright posture improves affect and fatigue in people with depressive symptoms. Journal of Behavior Therapy and Experimental Psychiatry, 54, 143–149.

· Wood, A. M., Joseph, S., Lloyd, J., & Atkins, S.（2009）. Gratitude influences sleep through the mechanism of presleep cognitions. Journal of Psychosomatic Research, 66（1）, 43-48.

· Yagi, A., Hayasaka, S., Ojima, T., Sasaki, Y., Tsuji, T., Miyaguni, Y., Nagamine, Y., Namiki, T. & Kondo, K.（2019）,Bathing Frequency and Onset of Functional Disability Among Japanese Older Adults: A Prospective 3-Year Cohort Study From the JAGES. Journal of Epidemiology, 29（12）, 451-456.

· Yang, L., Holtz, D., Jaffe, S., Sure, S., Since, S., Weston, J., Joyce, C., Shah, N., Sherman, K., Hecht, B., & Teevan,J.（2021）. The effects of remote work on collaboration among information workers. Nature Human Behaviour.https://doi.org/10.1038/s41562-021-01196-4

· Zabelina, D. L., & Silvia, P. J.（2020）. Percolating ideas: The effects of caffeine on creative thinking and problem solving. Consciousness and Cognition, 79, 102899.

· Zhang, J. W., & Chen, S.（2016）. Self-Compassion Promotes Personal Improvement From Regret Experiences via Acceptance. Personality & Social Psychology Bulletin, 42（2）, 244–258.

· Zimbardo, P. G.（1971）. The power and pathology of imprisonment. Congressional Record.（Serial No. 15, October 25, 1971）. Hearings before Subcommittee No. 3, of the Committee on the Judiciary, House of Representatives,92nd Congress, First Session on Corrections, Part II, Prisons, Prison Reform and Prisoners' Rights, California.Washington, DC, U.S. Government Printing Office.

· van Lent, M., & Souverijn, M.（2020）. Goal setting and raising the bar: A field experiment. Journal of Behavioral and Experimental Economics, 101570.

· 柳澤弘樹、永松俊哉、甲斐裕子（2012）。ストレッチ運動が気分と局所脳血流に与える効果。体力研究，110，8-12。

· 吉村勲、友田泰行（1993）。生理心理機能の統合的時系列解析による疲労判定に関する研究。人間工学，29（3），167-176。

· 読書活動と学力，学習状況調査の関係に関する調査研究（静岡大学）https://www.mext.go.jp/b_

國家圖書館出版品預行編目(CIP)資料

身體先,大腦後：高效運用科學,成為時間管理
大師/堀田秀吾, 木島豪作；楊鈺儀譯. -- 初
版. -- 新北市：世茂出版有限公司, 2024.1
面；　公分. -- (銷售顧問金典；115)
ISBN 978-626-7172-82-7(平裝)

1.CST: 時間管理 2.CST: 成功法

177.2　　　　　　　　　112018579

銷售顧問金典115

身體先，大腦後：高效運用科學，成為時間管理大師

作　　者／堀田秀吾、木島豪
譯　　者／楊鈺儀
總　　編／簡玉芬
責任編輯／陳怡君
封面設計／Chun-Rou Wang
出 版 者／世茂出版有限公司
地　　址／(231)新北市新店區民生路19號5樓
電　　話／(02)2218-3277
傳　　真／(02)2218-3239（訂書專線）
劃撥帳號／19911841
戶　　名／世茂出版有限公司　　單次郵購總金額未滿500元（含），請加80元掛號費
世茂官網／www.coolbooks.com.tw
排版製版／辰皓國際出版製作有限公司
印　　刷／傳興彩色印刷有限公司
初版一刷／2024年1月

I S B N／978-626-7172-82-7
E I S B N／9786267172803（PDF）9786267172810（EPUB）
定　　價／360元